***ACCESO GRATIS** a la Lectura en la Nube*

Para visualizar el libro electrónico en la nube de lectura envíe junto a su nombre y apellidos una fotografía del código de barras situado en la contraportada del libro y otra del ticket de compra a la dirección:

AF606120

ebooktirant@tirant.com

En un máximo de 72 horas laborales le enviaremos el código de acceso con sus instrucciones.

Cultura de paz en la educación superior

Procedimiento de selección de originales, ver página web:
www.tirant.net/index.php/editorial/procedimiento-de-seleccion-de-originales

Coordinadoras
Adriana Alcaraz Marín
Georgina Guadalupe López Santillán

Cultura de paz en la educación superior

CUCBA

tirant humanidades
Ciudad de México, 2025

En caso de erratas y actualizaciones, la Editorial Tirant Humanidades publicará la pertinente corrección en la página web www.tirant.com.

© TIRANT HUMANIDADES
EDITA: TIRANT HUMANIDADES
C/ Artes Gráficas, 14 - 46010 - Valencia
TELFS.: 96/361 00 48 - 50
FAX: 96/369 41 51
Email:tlb@tirant.com
www.tirant.com
Librería virtual: www.tirant.es
ISBN: 978-84-1081-754-8
MAQUETA: Tirant lo Blanch

Si tiene alguna queja o sugerencia, envíenos un mail a: atencioncliente@tirant.com. En caso de no ser atendida su sugerencia, por favor, lea en *www.tirant.net/index.php/empresa/politicas-de-empresa* nuestro Procedimiento de quejas.

Responsabilidad Social Corporativa: *http://www.tirant.net/Docs/RSCTirant.pdf*

Índice

Prólogo

Paz y prosperidad son dos propósitos que los seres humanos, desde el inicio de la civilización, hemos buscado alcanzar para tener una vida plena y feliz en las comunidades en que vivimos.

Lamentablemente, la historia humana nos demuestra que continuamente esta paz y prosperidad se han visto afectadas por grandes guerras con costos, primero que nada, de vidas humanas, de supresión de la libertad, económicos y de destrucción de la infraestructura material en las ciudades que las han tenido que sufrir.

Es muy sorprendente y lamentable que, en este primer cuarto del siglo XXI, la humanidad se encuentre enfrentando graves amenazas que ponen en peligro la paz mundial.

Los conflictos armados tienen siempre su origen en la ambición, la intolerancia, el fanatismo religioso y la ignorancia entre otros defectos humanos. Actualmente algunos de los poderosos factores que amenazan la paz son:

- Las luchas por recursos naturales como el agua, el petróleo, el gas y los minerales.
- La migración forzada que afecta a millones de personas, quienes se ven obligadas a abandonar sus hogares debido a conflictos como en Siria, Gaza y Afganistán.
- Las violaciones de derechos humanos convertidas en crímenes de guerra, como la violencia contra la población civil, incluidos mujeres y niños, y el uso de minas antipersona.
- Las tensiones geopolíticas: El aumento de la tensión política y militar en regiones clave como Corea del Sur y del Norte, entre otras más.
- Las amenazas económicas como inflación, suministro de energía y comercio global actualmente amenazados por guerras de proteccionismo arancelario, etc.

Es por estas circunstancias que es muy oportuno y plausible que destacados académicos de varios de los centros universitarios de la red de la Universidad de Guadalajara, en colaboración con también destacados académicos de la Universidad de Colima, hayan logrado publicar este libro sobre cómo poder enriquecer el impacto social de los profesionistas egresados de nuestra *alma mater* a través de incluir en la formación profesional los principios fundamentales que fomentan la creación de una cultura social de paz a través de su quehacer profesional diario.

Temas relevantes como son la cultura de paz como un fuerte compromiso institucional basado en la promoción de esta cultura, la literacidad como principio para construirla, los aspectos socio jurídicos y la paz intrapersonal de estudiantes universitarios, la ética digital, y una buena formación tecnológica, inclusiva y transformadora, son los principales temas de esta obra que sin lugar a duda va a ayudar a lograr interiorizarla en nuestros egresados.

Dr. Miguel Angel López Lomelí
lopezma2@tec.mx
ORCID: https://orcid.org/0000-0003-0573-3425

Capítulo 1
Promoviendo la cultura de paz para una sana convivencia universitaria

Adriana Alcaraz Marín[1]

Esmeralda Briseño Montes de Oca[2]

Perla Briseño Montes de Oca[3]

Georgina Guadalupe López Santillán[4]

Silvano Hernández López[5]

1. Universidad de Guadalajara, Centro Universitario de Ciencias Biológicas y Agropecuarias, Departamento en Producción Animal, doctora en Administración, aalcaraz@cucba.udg.mx https://orcid.org/0000-0002-3346-6873
2. Universidad de Guadalajara, Centro Universitario del Sur, Departamento de Ciencias Económicas y Administrativas, maestra en Desarrollo Humano y Acompañamiento de Grupos, esmeralda.briseno@cusur.udg.mx https://orcid.org/0000-00024870-1004
3. Universidad de Guadalajara, Centro Universitario del Sur, Departamento de Ciencias Sociales, doctora en Derecho, perlab@cusur.udg.mx https://orcid.org/0009-0006-2932-369X
4. Universidad de Guadalajara, Centro Universitario de Ciencias Biológicas y Agropecuarias, Departamento en Producción Animal, doctora en Educación en Innovación Tecnológica Educativa georgina.lopez@academicos.udg.mx https://orcid.org/0009-0005-9677-1524
5. Universidad de Guadalajara, Centro Universitario del Sur, Departamento de Ciencias Económicas y Administrativas, doctor en Derecho, silvano.hernandez@cusur.udg.mx https://orcid.org/0009-0000-3504-6998

Introducción

Se vuelve imprescindible, importante, urgente, así como un deber ético, integrar una cultura de paz en las instituciones de educación superior. La presente investigación surge de la creciente necesidad de indagar y promover la construcción de espacios de convivencia sana en el contexto universitario, con el fin de erradicar los conflictos y evitar que éstos escalen hacia un grado mayor de violencia. Se busca saber qué tanto se conoce o desconoce por parte del estudiantado sobre cultura de paz, democracia, sana convivencia y normativa o códigos de ética institucionales vigentes.

Para concebir una cultura de paz es necesario abordar aspectos actitudinales, cognitivos y metodológicos, proporcionando a los estudiantes universitarios herramientas que coadyuven al logro de la paz integral, ya que no basta con intentar disminuir los factores que generan violencia.

Las situaciones conflictivas han impulsado la toma de acciones y la creación de mecanismos para afrontarlas, por lo que es necesario valorarlas desde una perspectiva positiva, viéndolas como oportunidades de aprendizaje. Estas circunstancias pueden representar retos tanto intelectuales como emocionales que, al brindar experiencias enriquecedoras, se convierten en impulsores de desarrollo. Así, permiten asumir y enfrentar un proceso constante de construcción y reconstrucción del tejido social desde un enfoque no violento, que inspire una ciudadanía transformadora (Bautista Jaimes, 2025).

Las cosmovisiones aportan ideas esenciales y significativas para fortalecer una cultura de paz, ya que trata sobre valores, principios, conductas, ideales y educación. Esta última tiene como objetivo principal la formación integral del ser humano, basada en la axiología, que se encarga de estudiar los valores y principios que guían la existencia humana (Mesa-Manosalva, 2022).

Gómez Collado y García Hernández (2018) afirman que "educar supone ejercitar los valores que posibilitan la vida social, el respeto a los derechos y libertades fundamentales y el desarrollo de hábitos de convivencia democrática" (p. 64). El sistema educativo sigue siendo un pilar para la estructura social cimentada en la aplicación y vivencia de los valores humanos.

Las universidades representan entornos donde se generan y comparten conocimientos científicos, así como donde se promueven y replican valores, conductas y forma de convivencia entre distintos grupos sociales y generaciones (Universidad Nacional Autónoma de México [UNAM], 2010). Además de todo lo anterior, tienen la responsabilidad social de garantizar espacios justos que promuevan la cultura de paz.

La convivencia universitaria es una cuestión que concierne a docentes, estudiantes, familias, autoridades universitarias, personal administrativo y a la comunidad en su conjunto. Es fundamental contar con una dirección comprometida con la promoción de una cultura de paz y con la garantía de la igualdad y equidad en los derechos. Esto resulta clave para prevenir y detener situaciones de violencia en el ámbito universitario, las cuales ponen en riesgo la vida de las personas, su salud mental, su integridad y, al mismo tiempo, vulneran sus derechos humanos (CECODAP, 2008). Para lograr hacer que un espacio se considere libre de violencia, la tarea es enorme y continua, no sólo de los dirigentes, sino de todos los involucrados, pues se trata de fortalecer y fomentar códigos de conducta, hábitos, formas de vida, valores humanos que dirijan el rumbo hacia una convivencia sana.

Las diferentes manifestaciones de violencia en los estudios para la paz, desde la perspectiva escolar, se interpretan de la siguiente manera:

- Violencia estructural. Se encuentra dentro del marco social, su característica primordial es la desigualdad. Es un tipo de injusticia social existente en las escuelas de forma directa o indirecta.
- Violencia física. Produce daños físicos, tales como empujones, golpes, rasguños, etc.
- Violencia cultural. Se presenta en aspectos como la ideología, religión, lenguaje, costumbres, en ocasiones a través de ella se justifica la violencia directa o estructural.

- Violencia simbólica. Se ejerce a través del condicionamiento y la imposición. Se considera un tanto invisible, ya que es aceptada consciente o inconscientemente por quien la padece (Salazar, 2018).

El modelo educativo 2022 en México tiene como eje central el humanismo (Secretaría de Educación Pública [SEP], 2019) y busca "desarrollar todas las facultades del ser humano en lo cognitivo, físico, social y afectivo, en condiciones de igualdad, donde se le permita al sujeto interactuar en y con el conocimiento" (Martínez, 2023, p. 23). En este contexto, este nuevo enfoque plantea una educación basada en el respeto a los derechos humanos, en la que todas las personas cuentan con los mismo derechos y oportunidades para acceder a una educación de calidad (Meléndez et al., 2025).

Una cultura de paz impulsa valores, actitudes, estructuras e instituciones orientadas a prevenir los conflictos, abordando sus causas fundamentales para resolver los problemas mediante el diálogo y la negociación, y así transformar las causas subyacentes de la violencia y el conflicto. Abarca una amplia gama de principios y prácticas destinadas a crear un mundo en el que la paz no sea simplemente la ausencia de guerra o conflicto, sino un estado del ser que se mute y cultive a través de acciones, actitudes y valores intencionales (Bauer, 2023).

De acuerdo con Navarrete-Reyes (2024), resulta interesante reconocer que la paz puede convertirse en un punto de partida para replantear y adaptar las normativas, buscando el beneficio de toda la comunidad universitaria. Además, el cumplimiento de políticas públicas contribuye significativamente al fortalecimiento de los espacios de convivencia dentro del ámbito educativo.

La cultura constituye un elemento fundamental en la vida del ser humano, ya que permite un desarrollo que integra las experiencias del pasado con las acciones del presente. También es un medio clave para la comunicación, el diálogo y la convivencia, donde la diversidad aporta valor y promueve un entorno plural, democrático y armonioso. Así, la cultura es la protagonista en la difusión y construcción de ideas de paz (Cornelio-Landero, 2019).

Establecer estrategias centradas en el logro de una cultura de paz nos acerca a la verdadera transformación de conflictos, a la prevención de violencias estructurales y a la convivencia pacífica, a medida que concientiza a las personas sobre la gestión de conflictos, tal como lo menciona Fisas (2011):

> La educación es, sin duda alguna, un instrumento crucial de la transformación social y política. Si estamos de acuerdo en que la paz es también la transformación creativa de los conflictos, y que algunas de sus palabras-clave son el conocimiento, la imaginación, la compasión, el diálogo, la solidaridad, la integración, la participación y la empatía, hemos de convenir que su propósito no es otro que formar una cultura de paz (p. 6).

En la Declaración y Programa de Acción sobre una Cultura de Paz, la Organización de las Naciones Unidas [ONU] (1999) propone ocho acciones específicas que se pueden llevar a cabo a nivel local, nacional e internacional, de las cuales, para efectos de este trabajo de investigación, sólo mencionaremos la primera:

1. Promover una cultura de paz por medio de la educación, para lo cual se hace necesaria una revisión de planes de estudios en donde se debería de promover valores, actitudes y comportamientos rumbo a una cultura de paz.

Por lo anterior es que, a través del replanteamiento en el tema de planes educativos, las metas a lograr se orientarían hacia las siguientes siete acciones, las cuales, a *grosso modo*, se refieren a la promoción de desarrollo económico y social sostenible, el respeto a los derechos humanos, garantizar la igualdad, la participación democrática, la comprensión, la tolerancia, la comunicación participativa y la libre circulación de la información.

El verdadero reto que hoy presentan las instituciones educativas de nivel superior, además de garantizar la calidad en temas cognitivos, es el de desarrollar y potenciar herramientas en los estudiantes, tales como inteligencia emocional, gestión de conflictos y capacidad de toma de decisiones que beneficien al propio individuo y a su comunidad, transformando las escuelas en espacios que generen tranquilidad, seguridad, en los que sus integrantes se sientan respaldados, con un sentido de trabajo colaborativo y con la intención de resolver los conflictos conforme se vayan presentando, evitando así que cualquier tipo de violencia escale.

Los elementos institucionales que hacen posible la provisión de bienestar incluyen la presencia de un sistema político sólido, con una estructura liberal-democrática y una economía nacional organizada en torno al mercado y a las dinámicas capitalistas de producción. Este modelo se complementa con un entramado institucional orientado a la redistribución de la riqueza, mediante políticas en materia de salarios, impuestos y aumento del gasto social; es decir, una forma de socialización de la economía (Otálora Barreto y Sánchez Barreto, 2025).

Es importante reconocer que la cultura de paz se fortalece cada vez más en la conciencia colectiva y se ha manifestado en diversas acciones alrededor del mundo, orientadas a promover una educación basada en la comprensión mutua y la solidaridad. También busca fomentar la igualdad entre mujeres y hombres en espacios donde conviven diversas ideas, opiniones y orientaciones sexuales, incentivar la participación ciudadana en la vida democrática de sus países, proteger la libertad de expresión y el libre acceso a la información relacionada con los diferentes estilos de vida y decisiones políticas, así como emplear métodos no violentos para resolver conflictos a nivel interpersonal, local, regional e internacional, fundamentados en el diálogo y el respeto a la autonomía de las personas y comunidades (Adams et al., 2023).

De acuerdo con Fernández-Poncela (2025), actualmente la juventud sufre de una adaptación a viejas estructuras institucionales, y aun en ese tenor, su participación parece aumentar en nuevas formas de abordar y resolver asuntos políticos relacionados con causas de justicia y bienestar social, entre otros.

Se trata pues del desarrollo de una educación enfocada en los valores, deberes y derechos propios de una nueva ciudadanía emergente y respetuosa con la vida y el medio ambiente, capaz de implementar como un estilo de vida "la defensa de los derechos humanos", "la igualdad de género", "la promoción de la cultura de paz", "la aceptación de la diversidad cultural" y "la cultura del bienestar sostenible" (Organización de las Naciones Unidas para la Educación, la Ciencia y la Cultura [UNESCO], 2022)

La escuela es, por naturaleza, un lugar de protección donde se pueden establecer las bases para una cultura de paz. Esta cultura debe abarcar diferentes aspectos de la vida humana, como la integridad personal, el autoconocimiento, el manejo de las emociones, la convivencia, la interculturalidad y la inclusión, entre otros. La construcción de una cultura de paz no puede ignorar ni separar estas necesidades, sino que debe integrarlas de manera conjunta (Ramírez-Díaz, 2022).

Es por todo lo anterior que en la Universidad de Guadalajara (UdeG) se cuenta con un Código de ética que establece los valores que rigen a la institución y que la comunidad debe cumplir con el fin de enriquecer la convivencia, siendo uno de estos valores el de la educación para la paz, el cual consiste en promover las relaciones interpersonales armónicas, pacíficas e inclusivas, basadas en el respeto (UdeG, 2024, p. 2).

Por su parte, el Centro Universitario de Ciencias Biológicas y Agropecuarias (CUCBA) de la UdeG, dentro de su Plan de Desarrollo contempla, en el apartado de Docencia e innovación académica, un proyecto estratégico sobre la ampliación de la oferta y difusión de actividades de desarrollo integral para su comunidad, señalando en su estrategia número X "Desarrollar actividades y proyectos que promuevan el pensamiento crítico, ocio creativo, cultura de paz, identidad universitaria, culturales, deportivas, salud integral, medioambientales en función del bienestar social y natural, entre otras" (CUCBA, 2022, p. 31).

Derivado de los riesgos que implica el entorno inmediato de varios de los planteles de la UdeG, particularmente aquellos ubicados en zonas de transición urbano-rural, como es el caso del CUCBA, se ha implementado el programa Senderos Seguros, que se ha estado trabajado en coordinación con distintos municipios. Dicho esfuerzo ya ha dado frutos concretos: los ayuntamientos de Guadalajara, Tlajomulco de Zúñiga y Tonalá han creado sus respectivos Consejos Municipales de Senderos Seguros, con el compromiso de garantizar servicios públicos adecuados, mejorar la iluminación, fortalecer patrullajes y asegurar que los trayectos hacia los centros universitarios sean más seguros.

Metodología

El desarrollo del presente estudio se llevó a cabo a través de una metodología mixta, ya que en su estructura se integran métodos cualitativos y cuantitativos, lo anterior permite lograr que el estudio sea más detallado sobre cómo promover una cultura de paz para una sana convivencia universitaria.

Inicialmente se buscó identificar, mediante una investigación documental, una búsqueda específica y una consulta exhaustiva de documentos a través de la literatura y estudios llevados a cabo, cómo los estudiantes han percibido la cultura de paz en las instituciones universitarias.

Además de la metodología mixta se integró la investigación aplicada por la necesidad del tema, de acuerdo con Baena (2017):

> la investigación aplicada, también llamada utilitaria, se plantea problemas concretos que requieren soluciones inmediatas e iguales de específicas, concentra su atención en las posibilidades concretas de llevar a la práctica teorías generales y destinan sus fuerzas a resolver las necesidades que se plantean la sociedad y los hombres (p. 11).

El instrumento utilizado en esta investigación fue recuperado de la investigación titulada Desarrollo de un instrumento de evaluación basado en indicadores de convivencia escolar democrática, inclusiva y pacífica, de Chaparro Caso-López (2015). Dicha investigación tuvo como objetivo diseñar y validar un instrumento para la medición de la convivencia escolar en estudiantes de secundaria en el contexto mexicano, con base en el desarrollo de un conjunto de indicadores de convivencia democrática, inclusiva y pacífica.

El instrumento original contemplaba un total de 183 ítems con tres dimensiones: democrática, inclusiva y pacífica. De acuerdo con la naturaleza de esta investigación, se tomaron en cuenta la dimensión democrática y pacífica, con un total de 40 ítems, con una escala de respuestas de siempre, frecuentemente, algunas veces y nunca, las cuales fueron dirigidas para conocer cómo los estudiantes se perciben al convivir con la comunidad universitaria.

Universo de estudio

La población de estudio que se determinó para esta investigación fue de estudiantes de nivel superior.

Unidad de análisis

La unidad sujeta al análisis se refirió a la categoría de alumnos de primer, tercer y séptimo semestre de la licenciatura en Medicina veterinaria y zootecnia del CUCBA de la UdeG.

Población/sujetos

Alumnos de primer semestre 37

Alumnos de tercer semestre 33

Alumnos de séptimo semestre 22

Criterios de inclusión y exclusión

Inclusión

Alumnos de primero, tercero y séptimo semestres de la carrera de Medicina veterinaria y zootecnia.

Exclusión

Alumnos de segundo, cuarto, quinto, sexto y octavo semestre de la carrera de Medicina veterinaria y zootecnia.

Técnicas

Para esta investigación se elaboró un cuestionario utilizando Google Forms, tomando en cuenta las dimensiones democrática y pacífica, con un total de 40 ítems de acuerdo con las necesidades y objetivo del presente estudio. Se les hizo llegar por medio de WhatsApp a cada alumno. Esta técnica permitió una aproximación con los alumnos de veterinaria.

Resultados

En los datos correspondientes al presente estudio sobre cómo promover una cultura de paz para una sana convivencia escolar en los alumnos de primero, tercero y séptimo semestres de la carrera de Medicina, veterinaria y zootecnia del CUCBA de la UdeG, es importante mencionar que la partición total fue de 92 estudiantes integrados de la siguiente manera:

Semestre	Hombre	Mujer
Primero	14	23
Tercero	6	27
Séptimo	4	18
Total	24	68

Tabla 1. Elaboración propia. Información tomada de la participación de los estudiantes.

Resultados

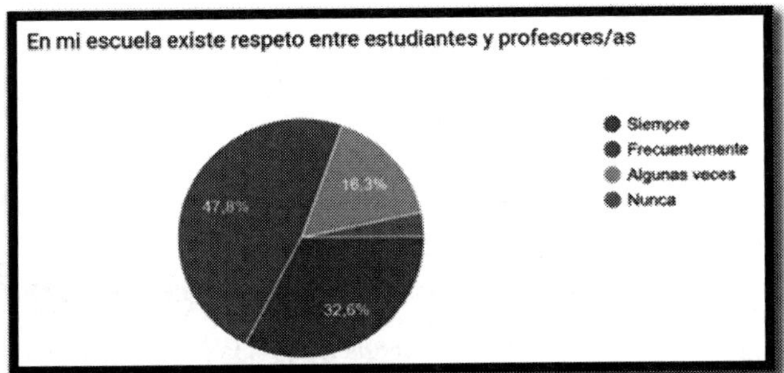

Gráfica 1. Elaboración propia.

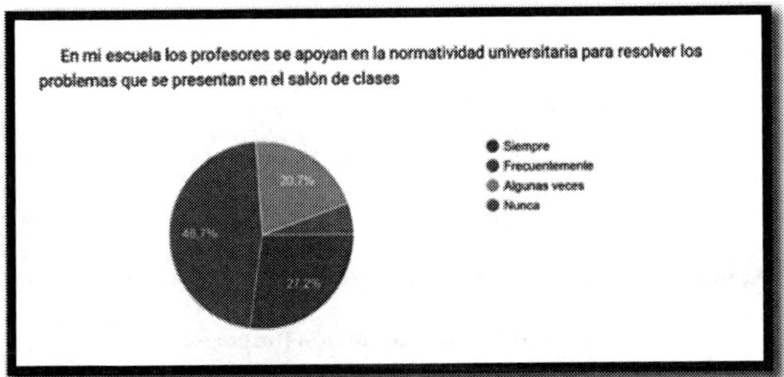

Gráfica 2. Elaboración propia

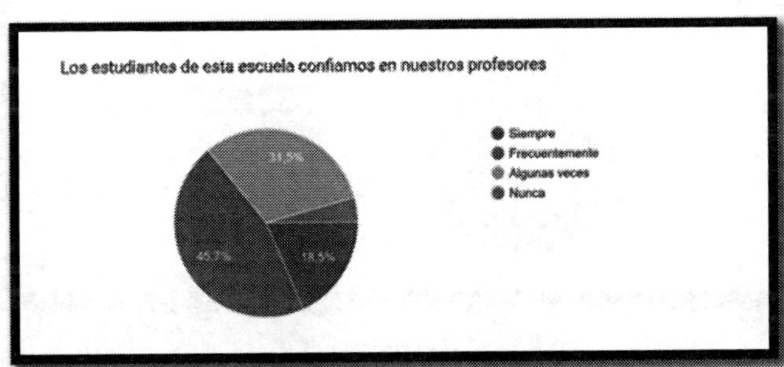

Gráfica 3. Elaboración propia

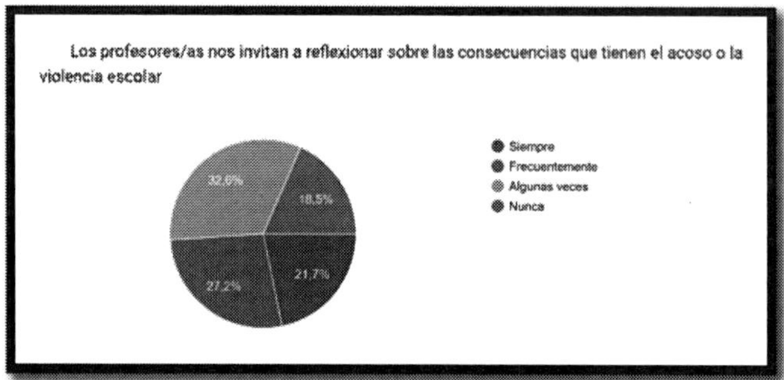

Gráfica 4. Elaboración propia

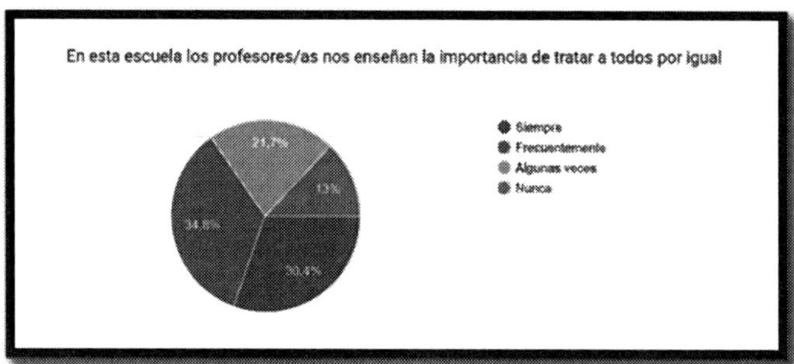

Gráfica 5. Elaboración propia

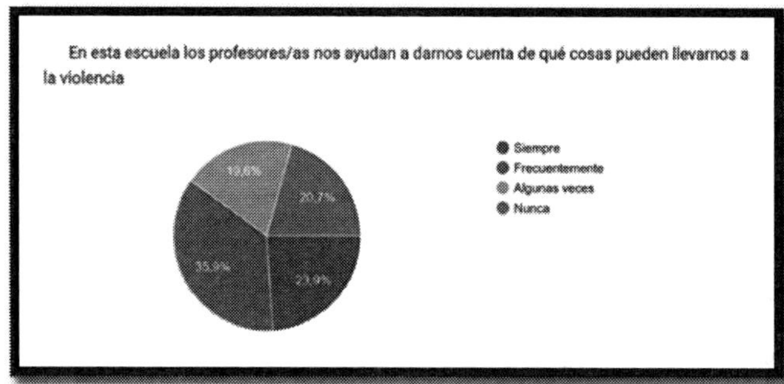

Gráfica 6. Elaboración propia

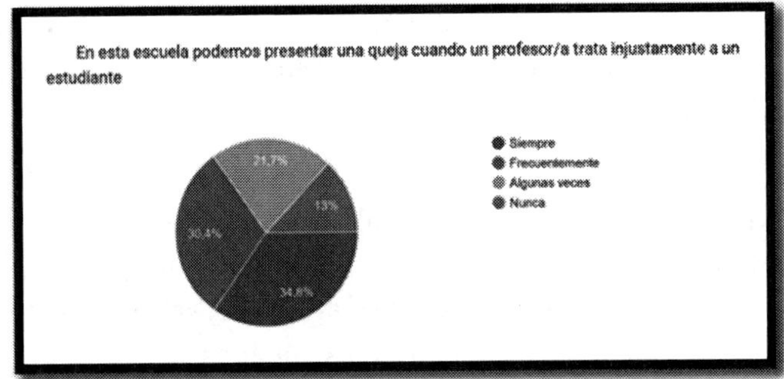

Gráfica 7. Elaboración propia

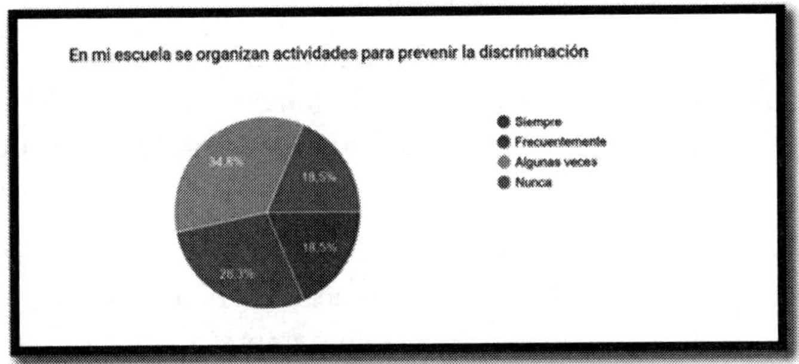

Gráfica 8. Elaboración Propia

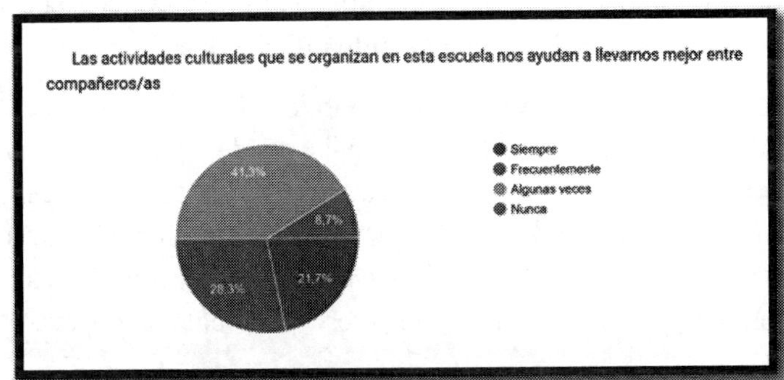

Gráfica 9. Elaboración propia

En la Gráfica 1 se observa cómo un 47.8% de los alumnos encuestados respondieron que frecuentemente existe respeto entre los estudiantes y profesores. Es importante señalar este factor como una comunidad abierta y de respeto.

Continuando con la Gráfica 2, los alumnos contestaron con un 46.7% que frecuentemente en su escuela los profesores se apoyan en la normatividad universitaria para resolver problemas en el salón, por lo tanto, existen normas por lo cual se sienten respaldados.

La tercera gráfica muestra cómo un 45.7% de los estudiantes contestó que frecuentemente confía en los profesores, lo que da pauta a que puedan manifestar cualquier incomodidad.

En la Gráfica 4, el 32.6% de los alumnos manifestaron que algunas veces los profesores los invitan a reflexionar sobre las consecuencias que tiene el acoso o la violencia escolar, seguido de un 27.2% que contestó que frecuentemente.

La Gráfica 5, 34.8% de los estudiantes respondieron que en la escuela los profesores les enseñan la importancia de tratar a todos por igual, seguido de un 30.4% que contestó que siempre, lo que nos indica que existe un buen trato en la comunidad universitaria.

Respecto a la Gráfica 6, los alumnos manifestaron que en la escuela los profesores les ayudan a darse cuenta de qué cosas pueden llevarlos a la violencia, lo cual indica que han sido informados.

En la Gráfica 7 se muestra un porcentaje del 34.8, donde los alumnos respondieron que siempre en su escuela pueden presentar una queja cuando un profesor trata injustamente a un estudiante. Se hace referencia a que los centros universitarios de la Universidad de Guadalajara cuentan con una Defensoría de los Derechos Universitarios y una Unidad de Primer Contacto para las quejas de alumnos y personal universitario.

Continuando con la Gráfica 8, el 34.8% contestó que algunas veces en su escuela organizan actividades para prevenir la discriminación, por lo que a través de la Unidad de Gestión Cultural del campus se están organizando talleres para el próximo calendario escolar 2025B sobre el buen trato.

Por último, en la Gráfica 9, el 41.3% de los estudiantes respondieron que algunas veces las actividades culturales que se organizan en su escuela les ayudan a llevarse mejor entre sus compañeros. Dentro de sus actividades de formación integral se tiene contemplado una Feria de derechos universitarios, el taller Sembrando paz, así como un curso de código de ética y conducta, lo cual aportará conocimientos y habilidades para llevarse mejor con sus compañeros.

Conclusiones

Bajo las condiciones propias del Centro Universitario de Ciencias Biológicas y Agropecuarias de la Universidad de Guadalajara, se observa que frecuentemente existe respeto entre los integrantes de dicha comunidad, ya que el personal académico se apoya en la normatividad universitaria cuando se trata de resolver los conflictos conforme van surgiendo, lo que genera confianza y certeza, así como una escucha activa y asertiva.

Se demuestra un real interés por parte de la institución en generar un ambiente de convivencia sano y pacífico, al realizar periódicamente actividades y eventos que fomentan la prevención de las violencias y la importancia del respeto en la diversidad.

La Feria de los Derechos Universitarios del CUCBA, organizada por la Defensoría de los Derechos Universitarios de la Universidad de Guadalajara, se enfoca en promover la cultura de paz y fortalecer el conocimiento de los derechos universitarios entre los estudiantes. Dicho evento incluye actividades lúdicas y académicas como conferencias y talleres, abordando temas relacionados con la prevención de la violencia y la protección de los derechos humanos (DDU, 2025).

A partir de los datos obtenidos, se concluye que esta universidad ha logrado avances significativos en materia de cultura de paz y espacios de convivencia sana con la oferta de talleres, cursos, foros y conferencias, así como una satisfacción en general por los apoyos recibidos y espacios de reflexión, apertura, aceptación y entendimiento de las realidades político-sociales.

La Universidad de Guadalajara seguirá trabajando de manera activa para garantizar la seguridad al interior de sus planteles, escuchando a su comunidad, y continuará con las gestiones ante las instancias responsables de la seguridad pública como lo ha hecho hasta ahora.

Con los resultados de este trabajo de investigación se propone crear comunidades universitarias activas y con compromiso genuino en la creación de colectividades, en las que se hagan propuestas que solucionen conflictos y promuevan una sociedad justa y pacífica.

Referencias

Adams, D., Mayor Zaragoza, F., Mercadillo Caballero, R. E., Cabezudo, A., Franqueira Castello, M., y Ávila Zesatti., C. (2023). Declaración para la Transición hacia una Cultura de Paz en el Siglo XXI. *Revista CoPaLa. Construyendo Paz Latinoamericana, 8*(18), 13-27. https://doi.org/10.35600/25008870.2023.18.0298

Baena Paz, G. (2017). *Metodología de la investigación.* Grupo Editorial Patria.

Bautista Jaimes, A. L., (2025). Derecho emocional basado en la justicia y equidad: Una alternativa universal para la resolución de conflictos. *Revista Digital de Investigación y Postgrado, 6*(11), 63-75. https://doi.org/10.59654/q9xd1e75

Bauer, C., (2023). Cultura de paz: una paradoja egoísta. *Revista CoPaLa. Construyendo Paz Latinoamericana, 8*(18), 28-40. https://doi.org/10.35600/25008870.2023.18.0240s

Centro Universitario de Ciencias Biológicas y Agropecuarias [CUCBA]. (2022). Plan de Desarrollo CUCBA 2019-2025, Visión 20230. https://cgpe.udg.mx/sites/default/files/adjuntos/PDCUCBA.pdf

Centros Comunitarios de Aprendizaje [CECODAP]. (2008). *La violencia contra niños, niñas y adolescentes.* El Papagayo.

Chaparro Caso-López, AA, Caso Niebla, J., Fierro Evans, MC, y Díaz López, C. (2015). Desarrollo de un instrumento de evaluación basado en indicadores de convivencia escolar democrática, inclusiva y pacífica. *Perfiles Educativos, 37*(149), 20-41.

Cornelio Landero, E., (2019). Bases fundamentales de la cultura de paz. *Eirene estudios de paz y conflictos, 2*(3), 9-26. https://doi.org/10.62155/eirene.v2i3.63

Defensoría de los Derechos Universitarios [DDU]. (2025). Vive la Feria de los Derechos Universitarios. https://ddu.udg.mx/sites/default/files/adjuntos/Vive%20la%20Feria%20de%20los%20Derechos%20Universitarios%20Centro%20Universitario.pdf

Fernández Poncela, A. M., (2025). Realidades y actitudes: juventud, política y elecciones. *Millcayac-Revista Digital de Ciencias Sociales, 11*(21), 1-30.

Fisas, V. (2011). Educar para una Cultura de Paz, en *Quaderns de construcció de pau, 20*, pp. 1 -10. Universidad Autónoma de Barcelona.

Gómez Collado, M. E., y García Hernández, D. (2018). La cultura de paz inicia con la educación en valores. *Estudios de Derecho, 75*(165), 45-72. https://doi.org/10.17533/udea.esde. v75n165a03

Martínez, J. (2023). La nueva escuela mexicana con enfoque humanista: una mirada analítica. *Revista ISEEM, 1*(2), 19-28 http://revista.isceem.edu.mx/index.php/revista/article/view/9/11

Meléndez, P., Gill Langarica, O. M., y Carrera Hernández, C. (2025). Implementación de un currículo con perspectiva humanista: percepciones del profesorado. *Praxis Educativa, 29*(1), 1-16. https://doi.org/10.19137/praxiseducativa-2025-290111

Mesa-Manosalva, E. G., (2022). Educación para la cultura de paz en el contexto de Los Pastos, Colombia. *Revista Electrónica Educare, 26*(3), 35-55. https://doi.org/10.15359/ree.26-3.3

Navarrete-Reyes, E., (2024). Cultura de paz como estrategia para prevenir violencias estructurales en la Universidad Mexiquense del Bicentenario. *Revista CoPaLa. Construyendo Paz Latinoamericana, 9*(20), 1-12. https://doi.org/10.35600/25008870.2024.20.0316

Organización de las Naciones Unidas [ONU]. (1999). *Declaración y Programa de Acción sobre una Cultura de Paz.*

Organización de las Naciones Unidas para la Educación, la Ciencia y la Cultura [UNESCO]. (2022). *Aprender por el planeta. Revisión mundial de cómo los temas relacionados con el medioambiente están integrados en la educación.* https://unesdoc.unesco.org/ark:/48223/pf0000380480.

Otálora Barreto, Z. I., y Sánchez Barreto, R. F. (2025). La organización social comunitaria como estrategia de reducción de la vulnerabilidad humana ante el colapso planetario. *Revista CoPaLa. Construyendo Paz Latinoamericana, 10*(21), 1-27. https://doi.org/10.35600/25008870.2025.21.0357.1

Ramírez Díaz, J. (2022). Experiencias de implementación de taller de paz en educación secundaria. *Revista Construyendo Paz Latinoamericana, 7*(15), 20–32. https://doi.org/10.35600.25008870.2022.15.0243

Salazar, I. (2018). *No todas las violencias son bullying, pero todas nos dañan*. Fondo Editorial Estado de México.

Secretaría de Educación Pública [SEP]. (2019). *La nueva escuela mexicana: Principios y orientaciones pedagógicas.*

Universidad de Guadalajara [UdeG]. (2024). Código de Ética. https://cgsait.udg.mx/sites/default/files/2024-03/codigo-de-etica-de-la-universidad-de-guadalajara.pdf

Universidad Nacional Autónoma de México [UNAM]. (2010). Programa Universitario de Estudios de Género. http://mediacampus.cuaed.unam.mx/pueg-%28programauniversitario-de-estudios-de-g%C3%A9ne

Capítulo 2

La literacidad como principio pedagógico para educar la construcción de cultura de paz

Raquel Gómez Valenzuela[6]

Amelia Berenice Barragán de Anda[7]

Claudia Ávila González[8]

Ana Martha Belmonte Herrera[9]

María de Jesús Camarena Cadena[10]

6. Universidad de Guadalajara, Centro Universitario en Ciencias Sociales y Humanidades, Departamento de Desarrollo Social, licenciada en Educación, raquel.gvalenzuela@academicos.udg.mx https://orcid.org/ 0009-0004-6657-4055
7. Universidad de Guadalajara, Centro Universitario en Ciencias Sociales y Humanidades, Departamento de Desarrollo Social, maestra en Trabajo Social, amelia.barragan@academicos.udg.mx https://orcid.org/0000-0002-1013-1771
8. Universidad de Guadalajara, Centro Universitario en Ciencias Sociales y Humanidades, Departamento de Desarrollo Social, doctora en Metodología de la Enseñanza, claudia.agonzalez@academicos.udg.mx https://orcid.org/0000-0002-3546-9226
9. Universidad de Guadalajara, Centro Universitario en Ciencias Sociales y Humanidades, Departamento de Desarrollo Social, maestra en Trabajo Social, ana.belmonte@academicos.udg.mx https://orcid.org/0000-0002-0309-4239
10. Universidad de Guadalajara, Centro Universitario en Ciencias Sociales y Humanidades, Departamento de Desarrollo Social, maestra en Trabajo Social, dejesus.camarena@academicos.udg.mx https://orcid.org/0000-0003-1431-0838

Introducción

En el contexto actual, caracterizado por la complejidad social, la diversidad cultural y los desafíos globales, la educación se erige como un espacio fundamental para la construcción de sociedades más justas, equitativas y pacíficas. En este sentido, la función educativa de las instituciones de educación superior trasciende la simple transmisión de conocimientos, convirtiéndose en un proceso dinámico y transformador, guiado por principios pedagógicos que orientan y dan sentido a la práctica docente. Estos principios, entendidos como un conjunto de orientaciones y condiciones fundamentales, permiten organizar, implementar y evaluar el proceso de enseñanza-aprendizaje de manera coherente, significativa y centrada en el estudiante y situada en su realidad.

Los principios pedagógicos constituyen el marco de valores y directrices que posibilitan una educación integral, adaptada a las necesidades individuales de los estudiantes y respetuosa de la diversidad cultural, social y lingüística. Al poner al estudiante y su aprendizaje en el centro del proceso educativo se reconoce la importancia de atender a sus características, intereses y estilos de aprendizaje, promoviendo su protagonismo y el desarrollo de habilidades críticas, creativas y afectivas. Así, el docente asume el rol de mediador, facilitando experiencias de aprendizaje contextualizadas, relevantes y conectadas con la vida real, que favorecen la comprensión, la motivación y la autonomía del alumno.

En este marco, la literacidad emerge como un principio pedagógico clave para la educación del siglo XXI. Más allá de la mera decodificación de textos, la literacidad implica la capacidad de comprender, interpretar, producir y transformar significados en contextos diversos, haciendo uso crítico y reflexivo del lenguaje. Desde esta perspectiva, la literacidad no sólo habilita el acceso al conocimiento, sino que también constituye una herramienta poderosa para la formación de ciudadanos críticos, responsables y comprometidos con la construcción de la paz. A través de prácticas educativas que promueven la literacidad, se fomenta el diálogo, el respeto a la diversidad, la resolución pacífica de conflictos y la participación democrática, contribuyendo así a la consolidación de una cultura de paz en las comunidades educativas.

Este capítulo propone reflexionar sobre la literacidad como principio pedagógico en la educación para la paz, planteando la necesidad de reorientar las prácticas educativas hacia enfoques que privilegien la comprensión profunda, la interacción significativa y la transformación social. Se argumenta que, al integrar la literacidad como eje transversal del quehacer pedagógico, es posible potenciar el desarrollo integral de los estudiantes y fortalecer su capacidad para convivir en armonía, resolver conflictos de manera constructiva y contribuir activamente a la edificación de sociedades más pacíficas y solidarias.

Desarrollo

La evolución del pensamiento y las formas de interactuar modulan las relaciones humanas en la vida cotidiana y van de la mano con la educación a través de las comprensiones que a los sujetos dota y agencia tanto de habilidades cognitivas como de la posibilidad de tener prácticas, usos y aplicaciones que contribuyan a la paz, entendida como un tejido-conectivo social, que permita la cocreación de una cultura de paz que sirva de techo para la humanidad. Para ello usamos la perspectiva de la literacidad, comprendida desde un enfoque sociocultural como el cruce de la persona, los textos y sus contextos. Dicha triada conforma un espacio primordial en la solución de conflictos educativos para el bien común (Vergara Fregoso y Orozco López, 2024).

> La literacidad es ante todo algo que la gente hace; es una actividad localizada en el espacio entre el pensamiento y el texto. La literacidad no reside simplemente en la mente de las personas como un conjunto de habilidades para ser aprendidas, y no solo yace sobre el papel, capturada en forma de textos, para ser analizada. Como toda actividad humana, la literacidad es esencialmente social y se localiza en la interacción interpersonal. (Barton y Hamilton, 2004, p. 109)

Así, la literacidad es, ante todo, un acto social sostenido y vinculado a través de las prácticas observables presentes en las interacciones entre las personas, el texto y el contexto. Entonces, si la literacidad es el conjunto de habilidades vinculadas a la lecto-escritura, las prácticas letradas son la manera concreta, teñidas por el color y el matiz de la cultura de las personas que la emplean y que utilizan esas habilidades en la cotidianidad. Es decir, las prácticas letradas son lo visible, en donde el uso de esas habilidades y destrezas son manifestadas en un contexto específico; todas ellas, además, cumplen con una intención grupal y cultural.

Cassany (2006) concibe a la práctica letrada como

> un *continuum* inextricable y dinámico que abarca a todas las personas de una comunidad y que fluye a través de ella por todos los ámbitos y disciplinas; cada hecho letrado se conecta con otros precedentes y posteriores y está relacionado con los adyacentes, en áreas afines o vecinas. (p. 102)

De tal forma que estos son un análogo de los actos del lenguaje, por lo cual, repensar las prácticas letradas nos remite a destacar lo que las personas que conforman una comunidad comparten como hábitos, usos y acuerdos culturales en su conjunto, desde donde se comunican, se piensan y se reconfiguran.

A través de las prácticas letradas, los individuos utilizan sus habilidades de lectura, escritura y razonamiento para analizar las prácticas ancladas en su vida diaria en el marco de la literacidad. En este trabajo pretendemos ir más allá, al no limitarnos a hacer el simple rescate de las actividades de lecto escritura, sino analizar el proceso que implica la formación de bagajes culturales que se comparen comunitariamente para construir la cultura de la paz. La literacidad crítica exige hacer pausas para llegar a puntos de análisis que expliciten qué se dijo, quién lo dijo, para qué se dijo, etc., de tal forma que, dicha metodología, alcance para bosquejar un principio pedagógico en la tarea de educar para la paz.

Perfilando una propuesta pedagógica

La lectura y la escritura son más que habilidades escolares: constituyen prácticas sociales, culturales y emocionales que atraviesan la vida humana. Son formas de expresión, comunicación y reflexión que, lejos de limitarse al ámbito académico, inciden profundamente en la manera en que las personas se relacionan, comprenden el mundo y construyen comunidad. Desde esta perspectiva, reflexionar sobre su papel en la educación nos lleva inevitablemente a reconocer su potencial transformador en la formación de una cultura de paz.

Uno de los primeros elementos a considerar es el lenguaje como mediador social. La palabra, ya sea oral o escrita, permite compartir ideas, emociones y argumentos de manera clara y estructurada en un marco de respeto mutuo. En contextos educativos, esta capacidad mediadora es esencial para desarrollar la argumentación, el diálogo y la escucha activa. Freire (1970) sostenía que el lenguaje no es solamente un medio para nombrar el mundo, sino para transformarlo, y en esa misma línea, aprender a leer y escribir críticamente contribuye a formar sujetos capaces de resolver conflictos sin violencia y desde el entendimiento mutuo.

En segundo lugar, la lectura y la escritura actúan como vehículos para la transmisión cultural y la memoria colectiva. Al acceder a diversos textos, las personas pueden conocer otras culturas, otras formas de vida y relatos históricos que permiten comprender el presente con mayor profundidad. Esta apertura a la diversidad favorece el respeto mutuo y el reconocimiento de la dignidad de cada ser humano. La Organización de las Naciones Unidas para la Educación, la Ciencia y la Cultura (UNESCO, 2016) destaca que la educación para la paz debe promover el entendimiento intercultural y la valoración de la diversidad como condición indispensable para la convivencia.

Un tercer aspecto fundamental es la relación entre lectura, escritura e identidad. A través de la expresión oral y escrita, los individuos pueden narrar sus experiencias, explorar sus emociones y construir su subjetividad. Según Bajtín (1982), todo acto de enunciación es un acto dialógico, donde el yo se construye en relación con el otro. En la escuela, estas prácticas fortalecen la autoestima y la capacidad de introspección. Educar para la paz implica formar personas conscientes de sí mismas, capaces de convivir desde el respeto a su identidad y a la del otro.

La educación y socialización también se ven profundamente atravesadas por estas prácticas. El aprendizaje de la lectura y la escritura no sólo permite el acceso al conocimiento formal, sino también la incorporación a una comunidad discursiva que exige participación activa, pensamiento crítico y compromiso con la transformación social. Giroux (2004) señala que "la alfabetización crítica puede ayudar a los estudiantes a convertirse en agentes de cambio social y no meros receptores de conocimiento".

La dimensión afectiva de estas prácticas merece especial atención. En las aulas, la lectura compartida y la escritura de textos personales pueden fortalecer los vínculos entre docentes y estudiantes, promoviendo climas de aula basados en el respeto, la empatía y el cuidado. Nussbaum (2010) afirma que cultivar la empatía a través de la literatura es un acto formativo esencial para las democracias, ya que enseña a ponerse en el lugar del otro y comprender realidades distintas.

Asimismo, no se puede ignorar la dimensión política del acceso a la palabra escrita. Leer y escribir son prácticas que habilitan la participación ciudadana y el ejercicio de derechos. La exclusión del lenguaje escrito perpetúa desigualdades y silencia voces. Desde una perspectiva de justicia social, educar para la paz implica garantizar el acceso equitativo a estas herramientas. Según Bolívar Botia (2007), la inclusión educativa es un principio fundamental para consolidar democracias reales y equitativas.

Por último, las narrativas compartidas permiten construir comunidad y sentido de pertenencia. Contar y escuchar historias —ya sean personales, colectivas, reales o de ficción— favorece la empatía, el reconocimiento de la experiencia del otro y el fortalecimiento de los vínculos sociales. Las historias de resistencia, reconciliación o solidaridad pueden inspirar acciones concretas que encarnen los valores de la paz. Como afirma Ricoeur (1996), la narración es una forma ética de comprender al otro y darle lugar en el relato común de la humanidad.

En tiempos donde la violencia y la exclusión están presentes, enseñar a leer y escribir con sentido ético y político es, sin duda, sembrar las bases para una auténtica cultura de paz.

Cultura de paz

La cultura de paz es una forma de vivir, convivir y relacionarse, que busca erradicar la violencia en todas sus formas —física, estructural, simbólica, psicológica y cultural—, promoviendo en su lugar la justicia, la equidad, el respeto por los derechos humanos y la resolución pacífica de los conflictos.

La cultura de paz es un concepto promovido por la UNESCO desde la década de 1990, definida como el conjunto de "valores, actitudes, tradiciones, comportamientos y estilos de vida basados en el respeto a la vida, el fin de la violencia y la práctica de la no violencia mediante la educación, el diálogo y la cooperación" (Organización de las Naciones Unidas [ONU], 1999, p. 3). Como planteó Galtung (1996), no se trata sólo de la ausencia de violencia (paz negativa), sino de la presencia activa de justicia social, inclusión, derechos humanos y solidaridad (paz positiva). La cultura de paz requiere, entonces, acciones pedagógicas sostenidas y transformadoras, que permitan a los sujetos leer críticamente su realidad, nombrarla y transformarla.

Según las Naciones Unidas (en los ocho puntos del Programa de Acción), los pilares de la cultura de paz son: Promoción de la paz a través de la educación; Desarrollo económico y social sostenible; Respeto por todos los derechos humanos; Igualdad entre mujeres y hombres; Participación democrática; Tolerancia, comprensión y solidaridad; Libertad de expresión y acceso a la información; Desarme y seguridad global compartida. El presente trabajo se centrará en el primer pilar, la promoción de la paz a través de la educación.

La cultura de paz es una apuesta por la humanización de las relaciones, la convivencia ética y la transformación social a través del diálogo y la justicia. Construirla es un proceso que requiere compromiso individual y colectivo, así como el desarrollo de capacidades críticas, afectivas y comunicativas que nos permitan vivir juntos desde el respeto a la dignidad humana.

La cultura de paz se construye desde las prácticas de lenguaje que fomentan el respeto, la escucha y el entendimiento. La lectura crítica de textos que aborden temáticas como los derechos humanos, la discriminación, la memoria histórica o la justicia social permite despertar la conciencia ética y social de los estudiantes. Nussbaum (2010) sostiene que la literatura puede formar ciudadanos empáticos, ya que "enseña a imaginar la vida de otra persona con profundidad emocional", lo cual es clave para una convivencia pacífica.

Asimismo, la escritura se convierte en un espacio de expresión, catarsis y construcción de identidad. Narrar experiencias personales o colectivas, redactar cartas, manifiestos, proyectos sociales o relatos de vida fortalece el sentido de pertenencia y la agencia ciudadana. Bajtín (1982) plantea que todo acto de lenguaje es dialógico, lo que significa que en cada texto escrito se establece una relación con otros, con sus voces, con sus perspectivas. Este diálogo simbólico es el germen de una cultura basada en la comprensión y la cooperación.

En este sentido, la escuela es un espacio a partir del cual se puede construir una cultura de paz, ya que en los procesos educativos no sólo se transmiten conocimientos, sino que se configuran subjetividades, relaciones y valores. Una educación para la paz implica: Generar ambientes de aula seguros y afectivos; Fomentar el pensamiento crítico a través de la lectura y el debate; Promover la escritura como forma de participación ciudadana; Visibilizar las historias de grupos históricamente excluidos; Utilizar el lenguaje para resolver conflictos, no para reproducir violencias simbólicas.

Como afirma Giroux (2004), la alfabetización crítica es una forma de resistencia, ya que permite a los estudiantes "leer el mundo como texto" y actuar sobre él. Esta capacidad es fundamental para formar personas que no sólo reproduzcan la realidad, sino que busquen transformarla desde la palabra y la acción colectiva. Además, en palabras de Freire (1970), educar es un acto de amor y, por tanto, un acto de valor, y ese valor está directamente ligado a la construcción de la paz desde el aula.

Propuesta: Literar para la construcción de la cultura de paz

Después de plantear un panorama sobre las nociones de los ejes centrales que sostienen las reflexiones de este texto surgen algunas interrogantes: ¿Cómo podemos participar en la construcción de una cultura de paz desde las aulas universitarias? ¿Qué nos implica como personas, grupos, comunidades, sociedad, letrarnos o literarnos en la paz? Motivadas a encontrar respuestas ante estas y otras interrogantes, trazamos la siguiente propuesta.

La Literacidad como principio pedagógico

En el contexto contemporáneo que hemos descrito en los párrafos anteriores, la educación no sólo debe proporcionar habilidades funcionales básicas como la lectura y la escritura, sino también fomentar procesos más profundos y transformativos que permitan a los educandos participar activamente en la construcción de una cultura de paz. Partimos de la idea de que la paz no se hace predicando sobre ella, si no siendo personas de paz. Se dice fácil, pero llegar a ello implica un proceso que conjunta a las personas con sus realidades, voluntades, inteligencias y emociones, todo ello entretejido en un proceso educativo-formativo. Pero, ¿cómo educar?, ¿sólo repitiendo conceptos?, ¿qué pasa con la congruencia entre el discurso que incorpora las nociones y conceptos de paz y la vivencia de la paz?

En este marco surge el concepto de literacidad para la paz, entendido como un proceso formativo en el que las personas no sólo aprenden a leer y escribir, sino que desarrollan una comprensión crítica del lenguaje como herramienta para el diálogo, la reflexión y la resolución armónica de conflictos.

Es necesario formar personas literadas en la paz. Una persona literada en la paz es aquella que participa activamente en la cultura de paz, entendida como un conjunto de valores, actitudes y comportamientos que rechazan la violencia y buscan prevenir los conflictos, abordando sus causas profundas (ONU, 1999). En este sentido, la literacidad va más allá de una alfabetización instrumental y se convierte en un proceso reflexivo y transformativo que vincula la lectura y la escritura con la formación ética, la empatía y el compromiso social. Es decir que no sólo se adquieran las habilidades de lectoescritura, si no que se comprenda críticamente el entorno, que se sepa comunicar de manera empática, ética y responsable; que se promueva, con el ejemplo, tanto en su discurso como en sus actitudes, la convivencia armoniosa, el diálogo fraterno, la justicia y los derechos humanos.

Formar a una persona con estas características implica mucho más que sólo la alfabetización tradicional; se trata de una formación crítica, ética y transformadora, en donde el docente esté formado también desde la literacidad para la paz y así pueda transmitirla en cualquiera de los ámbitos de la educación formal, informal y no formal, fundamentando su actuar en valores esenciales para ello. Las prácticas docentes literadas en la paz estarán intencionadas a formar personas que puedan comprender, emitir, desarrollar, utilizar la paz como una forma de vida. Se hará necesario el desarrollo de habilidades para la paz, que implicará la adquisición de competencias que permitan comprender y gestionar las diferencias entre incompatibilidades de manera pacífica, a través del reconocimiento y respeto del otro. Así, el lenguaje se convierte en una herramienta no sólo de comunicación, sino de transformación. Se promueven prácticas como la lectura crítica, el fomento del diálogo, la escritura terapéutica y la expresión tanto verbal como no verbal, lo que permite a los individuos vincularse, expresarse y convivir en armonía.

Esto implica la construcción común de una cultura de paz, la cual esté integrada no sólo por las diferentes nociones que se puedan conjuntar en un espacio y tiempo determinado, sino también por acuerdos y convenios tomados de manera conjunta, que conduzcan a la armonización de las interacciones entre las personas.

Este enfoque propone una visión holística de la paz, que reconoce las múltiples dimensiones del ser humano: su espíritu, su ánimo y su capacidad para resolver conflictos sin recurrir a la violencia. La literacidad para la paz se convierte así en un sistema dinámico que se inicia desde pequeños actos, luego la formación de un hábito, hasta convertirse en una forma de vivir y de estar en el mundo. Es un proceso que implica comprender, argumentar, incorporar y gestionar rutas de convivencia pacífica, validando las necesidades diversas de las personas.

En este sentido, Galtung (1996) aporta el concepto de paz positiva como la presencia de justicia social y equidad, en contraste con la mera ausencia de violencia. La literacidad para la paz se alinea con esta noción, al promover la empatía, la creatividad y la no violencia como valores fundamentales.

La empatía se expresa en la capacidad de ponerse en el lugar del otro, pensar en el otro y comprender lo que el otro pueda necesitar, la empatía se puede desarrollar a través de la educación humanizada que tome en cuenta la realidad del sujeto y que sea sensible a sus necesidades.

La no violencia se manifiesta no sólo en las acciones, sino también en el pensamiento y el discurso.

La creatividad, como herramienta para imaginar y construir alternativas, requiere tiempo, apertura y disposición para explorar caminos tanto convencionales como no convencionales. Apostamos por una creatividad humanista y compartimos la idea de París Albert (2019) de una creatividad atenta, que sea "más cuidadosa con los asuntos humanos, así como con la pluralidad y con la diversidad, en la búsqueda de nuevas, más y mejores ideas", que se caracterice por ser "dispuesta, resuelta y decidida, viva, enérgica y dinámica, e incansable y laboriosa" (p. 31) en la construcción de la paz.

La literacidad para la paz es un proceso educativo que va más allá del dominio técnico de la lectoescritura. Se trata de una práctica integral que promueve el desarrollo humano, la convivencia y la evolución del tejido social. En tiempos de polarización y violencia, formar sujetos críticos, empáticos y comprometidos con el bien común es una urgencia ética y pedagógica. La educación para la paz, sustentada en la literacidad, nos ofrece una ruta posible y necesaria para construir un mundo más justo y humano y compartir una cultura de paz.

Aplicación del principio de literacidad en la construcción de la paz en los contextos educativos

Llegar a una cultura de paz amerita formar personas literadas en la paz. Para ello trazamos una propuesta, la cual seguirá un proceso que va de lo esencial a lo más completo, incorporando en cada uno de los momentos que conforman dicho proceso elementos que esclarezcan el entendimiento, nutran el conocimiento compartido e inspiren las interacciones personales hasta llegar a una forma de vida que se ponga en común, donde se manifieste la empatía, la no violencia y la creatividad como valores fundamentales y algunos otros valores secundarios, como se muestra en la tabla 1.

Tabla 1. *Valores para cultura de paz*

Valores fundamentales	Valores secundarios
Empatía	Reconocimiento del otro, comprensión, cooperación, apoyo mutuo, confianza, conexión emocional, apertura, escucha activa, interés, autogestión emocional, comunicación efectiva-afectiva.
No violencia	Respeto mutuo, aceptación, mediación, negociación, resolución pacífica de conflictos, sensibilización, justicia, diálogo, responsabilidad (responder por los actos propios), comunicación asertiva, escucha activa, compromiso, cordialidad.
Creatividad	Imaginación, innovación, colaboración, humanismo, curiosidad, cuidado, reconocimiento, solidaridad.

Nota. Creación propia

El proceso de formación de personas literadas en la paz estará conformado por cinco momentos, en cada uno de ellos se desarrollarán tareas específicas, que van de lo más sencillo a lo más complejo, hasta llegar al resultado esperado.

En la figura número 1 se muestra el proceso de literar para la construcción de la cultura de paz con sus cinco momentos.

Figura 1. *Cultura de paz desde la literacidad*

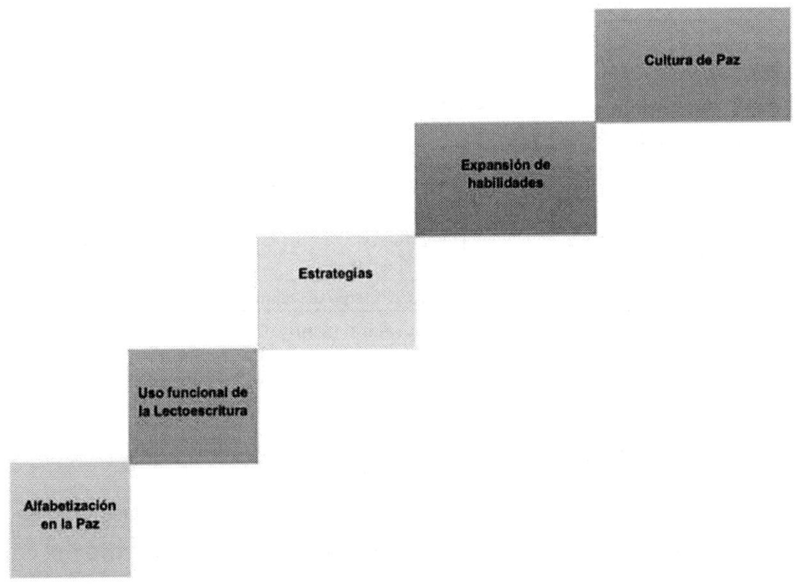

Nota: Elaboración propia.

Para desarrollar este proceso en una experiencia educativa hay que tener en claro lo que cada uno de los momentos implica, conocer la ruta a seguir, lo que hay que hacer en cada momento y cómo hacerlo para poder alcanzar el objetivo: formar personas literadas en la paz que trabajen en la construcción de una cultura de paz.

A continuación, detallamos, primero en la tabla 2, los momentos del proceso de nuestra propuesta y lo que implica cada uno de ellos, para después enunciar lo que en cada uno deberá desarrollarse.

Tabla 2. *Momentos del proceso de literacidad para la paz*

Momentos	¿Qué implican?
Alfabetización en la paz	Habilidades de lectoescritura, apropiación de códigos, significados y significantes.
Uso funcional de la lectoescritura	Aplicación de las habilidades de lectoescritura como parte fundamental del pensamiento crítico.
Estrategias	Incorporación de prácticas letradas que preparen a la expansión de habilidades.
Expansión de habilidades	Desarrollo de competencias que permitan crear una cosmovisión de la paz.
Cultura de paz	Fortalecimiento del tejido social y *con-vivencia* pacífica.

Nota. Elaboración propia.

1. Alfabetización en la Paz

Comprende el desarrollo de las habilidades de la lectoescritura y la apropiación de códigos presentes en los lenguajes oral y escrito del contexto donde se encuentra la experiencia educativa, además de los conceptos centrales que tienen que ver con la paz, mismos que han sido citados con anterioridad en este texto: empatía, no violencia y creatividad.

El desarrollo de estas habilidades estará direccionado hacia un proceso transformativo reflexivo, basado en la lectura, la escritura y el diálogo enfocado en el espíritu (fuerza interna) y ánimo (manifestación al exterior de dicha fuerza), para la resolución armónica de conflictos en contextos educativos.

La primera tarea para la alfabetización de la paz es la co-construcción de conceptos tales como: conflicto, paz, negociación, empatía, creatividad y no violencia, que fortalezcan el espíritu y dispongan el ánimo hacia la paz.

2. Uso funcional de la lectoescritura

La aplicación de la lectoescritura como herramienta de aprendizaje constituye la base que activa los procesos de conocimiento y comunicación, tanto de pensamientos como de emociones, es decir, comunicación afectiva y efectiva. Las nociones basales de un área de conocimiento permiten al sujeto saber y conocer acerca de los significados y significantes, decodificar símbolos y signos, principio que contribuye al uso común de términos que describen una realidad concreta.

La lectura y la escritura estarán encaminadas a desarrollar el pensamiento crítico a través del acercamiento a lecturas que permitan comprender y conocer la paz en contextos reales y específicos. Para ello pueden emplearse técnicas que ayuden al conocimiento y familiarización con posturas teóricas acerca de la paz, a través de la asistencia a cursos, talleres, diplomados o conferencias donde se fomente el análisis de experiencias en países o comunidades específicas.

3. Estrategias

Entendidas como el ejercicio de las prácticas letradas direccionadas al desarrollo de la capacidad de poder hacer algo, es decir, nos preparan para la comprensión y adiestramiento más amplio del valor y noción de lo que se desea apropiar, en este caso para las nociones de paz. Las estrategias dotan al entrenamiento de actitudes y habilidades como gestionar los conflictos y las desarmonías con base en el diálogo como principio mediador siempre abierto, valores para construir la cultura de paz a la que estamos dirigiendo el aprendizaje. Así, en este espacio se busca la práctica del diálogo en el que se cuide y se cultive el uso del lenguaje a través de la expresión escrita, la escritura terapéutica, la apreciación de la diversidad, el trabajo colaborativo y el respeto mutuo.

Algunas de las estrategias que desde la literacidad proponemos son:

- **Lectura crítica.** Capacidad de cuestionar la lectura de una realidad para reconstruirla. Aquí se pueden organizar círculos de lectura donde se lea en conjunto o de manera individual un texto o una realidad concreta y se ponen en común las lecturas.

- **Pre-textos.** Es un juego de palabras, una descomposición que intenta sumar los significados de la misma palabra en diferentes usos. Desde nuestra perspectiva de literacidad, el pre-texto será entendido de dos formas: como la excusa de reunirse para hacer algo, en este caso, para analizar una realidad, y como el texto previo a la creación de uno nuevo, después de analizar y explicar una realidad determinada. Para la implementación de esta herramienta, la dinámica se inicia compartiendo una obra de arte o solicitando la observación de la naturaleza, de la lectura de una poesía, la lectura compartida y lectura en voz alta (sólo por mencionar algunas), para el posterior análisis y creación de un nuevo texto que las enmarque.
- **Fomento del Diálogo**. Aquí pueden incorporarse los círculos de diálogo, como círculos de la palabra, mesas de diálogo, conversatorios, ejercicios de debate.
- **Expresión creativa.** A través de la escritura, pintura, poesía, poesía visual, grafitis, se comparten las visiones y comprensiones para ponerlas en común.
- **Escritura terapéutica.** La intención de esta estrategia es el análisis de acontecimientos que han causado dolor e indignación. Algunos ejemplos pueden ser el diario de gratitud y el diario de emociones y vivencias.
- **Comunicación verbal y no verbal.** Esta será la herramienta con la cual las personas establezcan puntos en común a través del diálogo y/o las narrativas. En estas interacciones, desde la literacidad, se tomará en cuenta lo que se dice y lo que se escucha, lo que se expresa con el tono, la corporalidad y emociones de quien lo expresa, así como de quien lo escucha o lee. Para mirar al otro se necesita antes mirarse a sí mismo y tomar conciencia de los propios diálogos internos y lo que está pasando en el interior en ese momento.

4. Expansión de habilidades

Cuando nos referimos a las habilidades expandidas hablamos del compuesto vasto y renovado de las competencias dirigidas a desarrollar en el sujeto dentro de sus diferentes ámbitos (profesionales, laborales, personales, etc.), además de las competencias formativas básicas de la lectura y la escritura. Estas habilidades se incorporan a lo largo de la vida del ser humano, agenciándolo de habilidades para las áreas más amplias en las que coexiste, por ejemplo, habilidades socioemocionales como la autorregulación, la empatía, la resiliencia y la autoestima. Habilidades profesionales en el ámbito laboral y de trabajo, las técnicas del mercado profesional, y las habilidades digitales. La comunicación implica procesos cognitivos más complejos como el uso crítico de las tecnologías, la comunicación efectiva y afectiva y, por supuesto, la literacidad crítica y digital[11].

En conjunto, las habilidades expandidas promueven y tienen como fin el aprendizaje continuo, preparar a las personas en su participación ciudadana responsable, aportando al tejido social para lograr espacios de paz.

5. Cultura de Paz

El desarrollo de una cultura de paz trae consigo el bien común que parte de una literacidad, la cual involucra la inclusión, que parte del ejercicio de la ética para abonar al proyecto personal de cada ciudadano. El bien común o bienestar general, visto desde la filosofía de Platón (citado en Rivera Rodríguez y Malaver Rojas, 2011), es el "bien propio y alcanzable sólo por la comunidad, pero compartido en forma individual por cada uno de sus miembros" (p. 7). Nos aporta el sentido de colaboratividad como condición en la meta de un fin común. Sin embargo, más

11. Alfonso Vargas Franco (2015) argumenta que la literacidad digital exige la literacidad crítica (lectura crítica) como una condición *sine qua non* para la construcción de significado de la cultura escrita.

recientemente está la definición de John Rawls (citado en Izquierdo, 2003), quien simplemente dice que el bien común son "ciertas condiciones generales que promueven el mismo beneficio para todos" (p. 325).

Por tanto, consideramos que la construcción de una cultura de paz implica formar personas literadas en la paz siguiendo el proceso trazado, lo cual requiere un esfuerzo conjunto para alcanzar ese preciado bien común.

A continuación, en la Tabla 3 compartimos un ejemplo de un ejercicio práctico de literacidad para la paz que consistió en realizar una poesía visual, la cual se usa para expresar emociones e ideas, para buscar la estructura mental de pensamientos, activar y practicar la creatividad, en este caso, en materia de educar para la paz.

Tabla 3. *Proceso de educación para la paz aplicando el proceso de literacidad*

Educar la paz potenciando la creatividad **Lugar:** *Círculo de mujeres Violeta*				
Alfabetización básica:	Uso funcional:	Estrategia: Artística.	Práctica: Expansión de habilidades	Cultura de paz: Fortalecimiento del tejido social
En una lluvia de ideas, dentro de la sesión, se responde desde el saber de cada integrante: ¿Qué es la creatividad? ¿Qué es la paz? ¿Cómo puedo despertarlas en mí? ¿Quién las define? ¿En qué áreas de mi vida las puedo aplicar y cómo?	El/la facilitadora lleva para leer en la sesión, la siguiente lectura: Educación para la Paz, Creatividad Atenta y Desarrollo Sostenible de Sonia París Albert (2022). Se lee de la página 30 a la 32.	**Poesía visual:** Hacer poesía visual. el/la facilitadora entrega a cada participante una hoja que tiene como fondo un texto impreso (sin importar el contenido) con la intención de ser usado para construir una poesía sobre el tema abordado: la creatividad para la paz. Cada participante va a dibujar el contorno de una figura sobre las hojas que recibió (puede ser cualquier cosa). Desde el tema: creatividad para la paz, la participante marca las palabras con un color, eligiendo las que para ella tengan un sentido. Las palabras elegidas se hilan de manera que construyan una frase que tenga sentido para expresar una idea propia sobre el tema tratado (ver figura 2) Cada participante comparte su frase con el grupo.	Se invitará a las participantes que, a lo largo de la semana posterior a la sesión, identifiquen en el contexto una aplicación práctica de las frases o ideas que construyeron en la poesía visual.	La persona que vive el proceso anterior gana para sí la capacidad de expresar, desde su creatividad en la vida cotidiana, ideas que abonen a la paz, habilidades para la expresión de ideas complejas, experiencias multisensoriales, posibilidad de romper convencionalismos, integración de capacidades creativas.

Nota: Una sola estrategia, como la que aquí se ilustra, no es suficiente para la construcción de una cultura de paz, en un proceso educativo completo deben integrarse varias (o todas) de las que se mencionaron con anterioridad en el apartado de la explicación del proceso.

Figura 2. *Ilustración de una Poesía Visual*

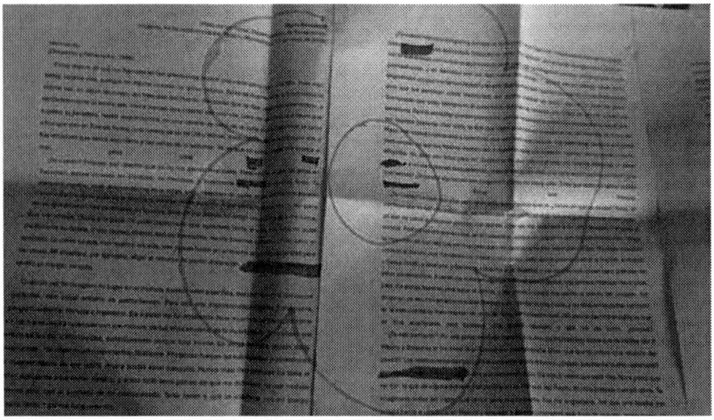

Nota: Esta poesía visual se elaboró por una participante del *Círculo de Mujeres Violeta* (2025).

Conclusiones

La propuesta de entender la literacidad no sólo como un conjunto de habilidades técnicas para leer y escribir, sino como un principio pedagógico integral para la construcción de una cultura de paz, representa un avance significativo en la educación superior y en la educación para la vida. A lo largo de este capítulo se ha planteado que las prácticas letradas, cuando se conciben como ejercicios contextualizados, situados y dotados de sentido, se convierten en herramientas poderosas para formar sujetos capaces de pensar críticamente, dialogar con respeto y actuar en favor de la paz positiva. Esta paz, entendida no sólo como la ausencia de conflicto, sino como la presencia activa de justicia, equidad y convivencia armónica, requiere de procesos educativos que vayan más allá de la mera transmisión de conocimientos y habilidades técnicas.

El reconocimiento de la literacidad como un proceso situado implica que la lectura y la escritura deben estar siempre conectadas con las realidades sociales, culturales y políticas de los sujetos que aprenden. En la educación superior esto significa que los estudiantes no sólo deben desarrollar competencias académicas, sino también una conciencia crítica sobre su entorno y su papel en la transformación social. La literacidad, entonces, se convierte en un espacio para la reflexión ética y política, donde los futuros profesionales pueden cuestionar las estructuras de poder, identificar las causas profundas de la violencia y la exclusión, y construir narrativas alternativas que promuevan la convivencia pacífica.

La lectura y la escritura como prácticas profundamente humanas no sólo educan la mente, sino también el corazón y la conciencia social. Integrarlas en la educación como herramientas para el diálogo, la memoria, la identidad y la justicia es apostar por una pedagogía transformadora, encaminada a la construcción de una cultura de paz.

Al intencionar las prácticas letradas hacia la educación para la paz se fomenta un pensamiento activo y comprometido. La paz positiva requiere que las personas sean capaces de imaginar y construir realidades distintas, lo que implica creatividad, diálogo y colaboración. La literacidad, en este sentido, no es un fin en sí misma, sino un medio para desarrollar habilidades comunicativas y cognitivas que permitan a los individuos participar en procesos colectivos de transformación social. La escritura y la lectura se convierten en actos políticos y éticos que contribuyen a la construcción de sentidos compartidos y al fortalecimiento de valores como la empatía, la justicia y la solidaridad.

Este enfoque pedagógico también invita a repensar los métodos y prácticas educativas en la educación superior. La enseñanza de la literacidad debe ser intencionalmente diseñada para incluir contenidos, pre-textos y estrategias que promuevan la cultura de paz. Esto implica seleccionar materiales que reflejen diversas voces y perspectivas, especialmente aquellas históricamente marginadas, y crear espacios de diálogo donde se puedan confrontar ideas y construir consensos desde el respeto.

Asimismo, es fundamental que los docentes asuman un rol de educador, que no solamente se dirijan a promover ambientes de aprendizaje inclusivos y democráticos dirigidos a que los estudiantes experimenten la paz en sus interacciones cotidianas, sino que sean ellos mismos sujetos letrados en la paz, para expresarla en todas las dimensiones de su vida cotidiana. Lo anterior implica que el profesorado se habilite en desarrollar procesos de auto observación y autorregulación emocional mediante los cuales reconozca lo que le pasa en su interior y, desde allí, aprenda a no violentar al otro.

Estamos convencidas de que la educación, tanto formal, informal y no formal, es un medio que transforma sujetos y realidades, al proporcionar habilidades para comprender las interacciones personales y las dinámicas sociales. La educación promovida desde la perspectiva de la literacidad, con un enfoque sociocultural, sostenida por la relación entre persona, texto y contexto, resulta esencial para el entendimiento y respeto de la otredad, base primordial para la prevención y solución de conflictos.

Formar personas literadas en la paz será la base para construir una cultura de paz compartida, en la que se practique la misma noción de no violencia, empatía y creatividad. Donde se cuiden las actitudes y se fomente el respeto mutuo, el diálogo fraterno y la resolución de conflictos mediante soluciones creativas y empáticas. Las personas literadas en la paz serán los multiplicadores de esta nueva noción de paz.

La propuesta también destaca la importancia de la interdisciplinariedad, ya que la construcción de la cultura de paz requiere abordar la complejidad de los conflictos y las dinámicas sociales desde múltiples perspectivas. La literacidad como principio pedagógico puede articularse con otras áreas del conocimiento, integrando saberes que contribuyan a una comprensión holística de la paz. De esta manera, la educación superior se posiciona como un espacio clave para formar ciudadanos críticos, responsables y comprometidos con la transformación y el desarrollo social.

Es importante resaltar que la construcción de la cultura de paz a través de la literacidad no es un proceso lineal ni inmediato, sino un camino continuo que demanda compromiso, paciencia y creatividad. La educación para la paz debe ser entendida como un proyecto colectivo y dinámico, que se nutre de las experiencias y saberes de todos los actores educativos. La literacidad, al ser un proceso social y cultural, ofrece un marco flexible y potente para articular estos esfuerzos y generar impactos significativos en la formación de sujetos capaces de construir sociedades más justas, equitativas y pacíficas.

Es necesario desdibujar las líneas que imponen las creencias que determinados grupos manifiestan como su versión de paz. Apostamos por una cultura que comparta el entendimiento, las nociones, los significados y significantes que conlleva la paz, partiendo del entendimiento mutuo, modelando una nueva forma de armonizar el logro de objetivos sin llegar a violentar al otro.

La cultura de paz, cuando es promocionada a través de la literacidad, puede fortalecer el desarrollo de acciones de forma responsable en situaciones conflictivas, para participar a través del diálogo, respeto, valores y convivencia con los demás en forma armoniosa y pacífica.

Finalmente, es importante mencionar que la literacidad como principio pedagógico para educar la construcción de la cultura de paz en la educación superior representa una propuesta innovadora y necesaria que responde a los desafíos contemporáneos de nuestras sociedades. Al situar la lectura y la escritura en un contexto de sentido y compromiso ético se abre la posibilidad de formar individuos no sólo competentes en el ámbito académico, sino también conscientes y activos en la promoción de la paz positiva. Este enfoque invita a repensar la educación superior como un espacio transformador, donde la literacidad se convierte en un puente entre el conocimiento y la acción, entre el individuo y la comunidad, y entre el presente y un futuro más pacífico y justo.

Referencias

Bajtín, M. (1982). *Estética de la creación verbal*. Siglo XXI Editores.

Barton, D., y Hamilton, M. (2004). La literacidad entendida como práctica social. En Zavala, V., Niño-Murcia, M., y Ames, P. (Eds.). *Escritura y sociedad. Nuevas perspectivas teóricas y etnográficas* (pp. 109-139). Red para el Desarrollo de las Ciencias Sociales en el Perú.

Bolívar Botia, A. (2006). *La educación para la ciudadanía: Algo más que una asignatura*. Graó

Cassany, D. (2006). Análisis de una práctica letrada electrónica. *Páginas de Guarda*, (2), 99-112. https://www.academia.edu/6976070/An%C3%A1lisis_de_una_pr%C3%A1ctica_letrada_electr%C3%B3nica

Freire, P. (1970). *Pedagogía del oprimido*. Siglo XXI Editores.

Galtung, J. (1996). *Peace by peaceful means. Peace and Conflict, Development and civilization*. PRIO.

Giroux, H. A. (2004). *Teoría y resistencia en educación*. Siglo XXI Editores. https://biblioteca.colegioblancagraciela.com.ve/wp-content/uploads/2022/10/Henry-A-Giroux-Teoria-y-resistencia-en-educacion.pdf

Izquierdo, D. L. (2003). El bien en «Una teoría de la justicia» de J. Rawls. Repositorio Institucional UCA. https://repositorio.uca.edu.ar/bitstream/123456789/12588/1/bien-teoria-justicia.pdf

Nussbaum, M. C. (2010). *Sin fines de lucro: Por qué la democracia necesita de las humanidades*. Katz Editores.

Organización de las Naciones Unidas [ONU]. (1999). *Declaración Programa de Acción para Promover una Cultura de Paz: Resoluciones aprobadas por la Asamblea General*. Naciones Unidas.

Organización de las Naciones Unidas para la Educación, la Ciencia y la Cultura [UNESCO]. (2016). *Educación para la ciudadanía mundial: Preparar a los educandos para los retos del siglo XXI*.

París Albert, S. (2019). Educación para la Paz, Creatividad Atenta y Desarrollo Sostenible. *Revista Internacional de Educación para la Justicia Social. 8*(1), 27-41. https://doi.org/10.15366/riejs2019.8.1.002

Ricoeur, P. (1996). *Sí mismo como otro*. Siglo XXI Editores.

Rivera Rodríguez, H.A. y Malaver Rojas, N.M. (2011). *La organización: los stakeholders y la responsabilidad social*. Universidad del Rosario. https://goo.su/zWY2zP

Vargas Franco, A. (2015). Literacidad crítica y literacidades digitales: ¿una relación necesaria? (Una aproximación a un marco teórico para la lectura crítica). *Revista Folios, 42*, 139-160. https://www.redalyc.org/pdf/3459/345938959009.pdf

Vergara Fregoso, M., y Orozco López, M. T. (Eds.) (2024). *Literacidad y prácticas letradas en entornos educativos*. Universidad de Guadalajara – CUAAD. https://doi.org/10.32870/9786075814278

Capítulo 3

Acercamiento socio jurídico a la paz intrapersonal de estudiantes universitarios de Jalisco

Margarita Cantero Ramírez[12]

José Luis Saldaña Contreras[13]

Primitivo Pimentel Reyes[14]

Introducción

Con el abordaje de la paz desde la irenología, el interés de este trabajo está centrado en la paz intrapersonal, caracterizada por la resolución de conflictos y la búsqueda de armonía interna a nivel personal, tomando en cuenta que, para fomentar la convivencia pacífica, primero se debe estar bien con uno mismo. En la etapa de vida universitaria, la persona enfrenta nuevos retos y desafíos que pueden llegar a generar tensiones en sí misma al tiempo que adquiere conocimientos, habilidades y capacidades para formarse profesionalmente; es decir, el contexto

12. Universidad de Guadalajara, Centro Universitario del Sur, Departamento de Ciencias Sociales, doctora en Ciencias Sociales, miembro del Sistema Nacional de Investigadoras e Investigadores nivel I, margarita.cantero@cusur.udg.mx https://orcid.org/0000-0001-8515-7864

13. Universidad de Guadalajara, Centro Universitario de Ciencias Sociales y Humanidades, Departamento de Estudios Socio Urbanos, doctor en Ciencias Sociales, joseluis.salana@academicos.udg.mx https://orcid.org/0009-0002-0630-5836

14. Universidad de Guadalajara, Centro Universitario del Sur, Departamento de Ciencias Sociales, doctor en Derecho, primitivo.pimentel@cusur.udg.mx https://orcid.org/0000-0003-0707-9279

universitario también brinda herramientas al estudiante para enfrentar situaciones durante el resto de su vida desde el marco de la cultura de paz (Saaida, 2023).

Asimismo, resulta pertinente indagar la paz intrapersonal desde la sociología jurídica, poniendo en diálogo aspectos sociales y normativos que inciden en las conductas de los individuos y que se reflejan en sus prácticas colectivas sin centrarse únicamente en la ausencia de conflictos, sino en identificar elementos que pueden estar generando discordancia, fallos en la comunicación, así como en la comprensión de situaciones que impiden la armonía en las relaciones sociales que establecen los universitarios (Saaida, 2023; Santacruz Lima, 2024).

Jalisco ha sido pionero en fomentar la cultura de paz por medio de la Ley de Cultura de Paz del Estado de Jalisco (Gobierno del estado de Jalisco, 2021) para impulsar la justicia social y el bienestar, apoyándose en los contextos educativos donde adquieren un rol central las instituciones de educación, como las universidades donde se realizan esfuerzos por promover los derechos humanos (DDHH), la prevención de violencias, el autoconocimiento y la resiliencia por medio del diálogo y la reflexión subjetiva de los estudiantes.

La paz intrapersonal es construida socialmente. En el contexto universitario, la revisión de literatura suele resaltar las estrategias de resolución de conflictos de tipo cooperativas y de entendimiento mutuo (Luna Bernal, 2021) y de evitación e individualistas (Burgos Calvillo et al., 2024), pero no aborda tanto aspectos preventivos como el indagar en cuestiones intrapersonales para generar estrategias de acompañamiento, evitando que se escale a manifestaciones de violencia con uno mismo o con otras personas (Santacruz Lima, 2024).

Indagar en la paz intrapersonal de los universitarios resulta relevante al considerar que la cultura de paz contribuye a la gestión de sus emociones, mejorar las relaciones que establecen con su entorno, así como a manejar los conflictos internos ante fenómenos propios de la vida universitaria como el estrés académico, la desconexión social, la ansiedad, aunado a que algunos de ellos tiene que dejar el hogar familiar para cursar sus estudios a nivel superior, enfrentando también diferencias socioculturales (Luna Bernal, 2021).

A partir de ello se planteó como objetivo describir cómo es la paz intrapersonal de estudiantes universitarios de Jalisco por medio de un estudio cuantitativo, cuyos resultados se presentan a continuación a manera de apartados, donde en un primer momento se retoman los principios filosóficos y morales que fundamentan el derecho humano a la paz, para posteriormente dar cuenta de cómo este se refleja en las universidades mexicanas en general y en particular en la paz intrapersonal de estudiantes universitarios de Jalisco, México. Finalmente, se plasman algunas reflexiones a manera de conclusiones.

Metodología

Se trató de un estudio cuantitativo descriptivo basado en el método documental para explorar estudios previos sobre la paz en las universidades mexicanas y su reconocimiento como derecho humano; para lo cual se realizaron búsquedas en las bases de datos de Redalyc y Scielo, utilizando las palabras clave: cultura de paz, derechos humanos, paz intrapersonal, estudiantes universitarios, universidades mexicanas, sociología jurídica, culture of peace, human rights, intrapersonal peace, university students, Mexican universities, legal sociology. En las búsquedas también se emplearon los operadores booleanos AND y comillas ("") a fin de que los resultados presentados fueran acordes a los intereses de investigación.

La selección de los documentos se basó en los criterios de inclusión de que el documento mencionara en el título y/o resumen al menos dos de los descriptores señalados y estuviera disponible el texto en su totalidad. Posteriormente, los documentos fueron analizados con la técnica de categorización, que permitió organizar la información en ejes articuladores que se presentan a manera de apartados en la sección de resultados.

Asimismo, se realizó el cuestionario de escala de paz intrapersonal de Udo (2022), que consta de 13 ítems que se responden con escala Likert de cinco puntos, que va de totalmente en desacuerdo a totalmente de acuerdo, y tiene un Alfa de Cronbach de 0.73 en su versión original en inglés. El cuestionario se conforma por siete ítems sobre la armonía intrapersonal, que alude al equilibrio y tranquilidad interna de la persona; tres ítems sobre el desequilibrio intrapersonal, que se refiere a la inestabilidad emocional ante conflictos; y tres ítems sobre disonancia intrapersonal, es decir, respecto al conflicto interno y discordia que percibe la persona en situaciones de conflicto.

A fin de utilizar el cuestionario en la presente investigación, se realizó el proceso de validación transcultural por medio de la modalidad de juicio de expertos, donde participó un experto en temas de cultura de paz, un experto en validación de instrumentos y un experto en el área de conocimiento de la sociología jurídica. Los resultados de dicha validación arrojaron un índice de validación por juicio de expertos de 85.3% que, a decir de Escobar-Pérez y Cuervo-Martínez (2008), indica que el instrumento de investigación es apto para su aplicación, mientras que el Alfa de Cronbach para la versión en español fue de 0.644 que, siguiendo a George y Mallery (2003), es aceptable.

Teniendo estos indicadores de validez y confiabilidad del cuestionario para población mexicana, en particular estudiantes universitarios, se distribuyó el cuestionario por medio de un enlace en la plataforma de Google Forms a estudiantes de la Universidad de Guadalajara, contando con 457 participantes que fueron personas mayores de 18 años, estudiantes de la Universidad de Guadalajara, que desearon participar.

Los resultados fueron analizados por medio de estadística descriptiva como frecuencias y porcentajes para elaborar gráficas, también se calculó medias y desviación estándar para las dimensiones de la escala de paz intrapersonal y para dar cuenta de cómo está presente de manera general en la muestra. Cabe señalar que en todo momento se siguieron las consideraciones éticas indicadas por Abad (2016) de respeto a la propiedad intelectual de terceros por medio de citas y referencias para el análisis documental, así como el resguardo de la información, anonimato y voluntariedad para el caso de los participantes.

Resultados

Bases del derecho humano a la paz

La paz ha sido un tema constante en la agenda pública desde lo internacional hasta lo local, siendo retomado como derecho humano inherente a todas las personas. Esto implica un cambio de paradigma al pasar de la paz negativa, que se centró en la ausencia de guerra, a una paz integral, donde se busca la garantía y la protección de los derechos humanos (DDHH), para lo cual se han impulsado acciones colectivas para construir condiciones que garanticen el desarrollo, seguridad, justicia y dignidad de las personas (Arrieta López, 2022).

Al respecto, se identifica como parte de la fundamentación teórica-filosófica del derecho a la paz la perspectiva teórica del iusnaturalismo, que sostiene que los DDHH son inherentes a la persona humana para garantizar su dignidad, donde la paz resulta una condición necesaria. Un autor clave en esta perspectiva es Kant (1795), que alude de manera implícita a dicho concepto central como un imperativo político y moral que se basa en la idea de un derecho cosmopolita y como la razón práctica que invita a las sociedades a reflexionar la paz no como una opción, sino como una exigencia ética derivada de la humanidad compartida.

Mientras que Hobbes (1651), desde el contractualismo, alude a la paz como un bien primario junto con la seguridad, al ser indispensables para garantizar la construcción del Estado por medio del contrato social que proteja la vida y genere estrategias para enfrentar la violencia. Esto se retomó en las teorías críticas sobre la paz positiva, justicia y liberación de autores clave en los estudios de paz como Galtung (1969), que vinculan a la paz con la superación de estructuras de dominación, injusticias y explotación, pues perpetúan violencias culturales y estructurales.

La paz como derecho humano también tiene raíces jurídicas que se rastrean en la Carta de las Naciones Unidas (Organización de las Naciones Unidas [ONU], 1945), donde se estableció como parte de sus propósitos el fomentar la seguridad y la paz internacional a partir del fomento de relaciones sociales basadas en la libre determinación de los pueblos y el principio de igualdad de derechos, de tal manera que la paz se plantea como un bien jurídico fundamental en la comunidad internacional al ser la base para otros DDHH en sus distintas generaciones.

Posteriormente, en la Declaración Universal de los Derechos Humanos (ONU, 1948), aunque no se alude de forma explícita el derecho a la paz, sí menciona el ideal de establecer un orden social e internacional donde los derechos y libertades sean plenamente efectivos, siendo necesario para ello generar entornos pacíficos, lo cual implica una conexión indisoluble con la paz.

Los dos ordenamientos internacionales anteriores se retoman en distintos pactos también a nivel internacional, donde se profundiza el vínculo de la paz con los DDHH, por ejemplo en el Pacto Internacional de los Derechos Civiles y Políticos (ONU; 1966) se reconoce el derecho de los pueblos a establecer de forma libre su condición política que impulse su desarrollo social, cultural y económico, para lo cual es necesario superar situaciones de conflicto, es decir, nuevamente generar contextos pacíficos.

Asimismo, en el Pacto Internacional de Derechos Económicos, Sociales y Culturales (ONU, 1966) se establece que estos derechos suelen ser afectados en condiciones de inestabilidad y violencia asociada a situaciones de guerra y conflictos internos, siendo obligación de los Estados prevenir ello. En este sentido, la Declaración sobre el Derecho de los Pueblos a la Paz (ONU, 1984) marcó una coyuntura en el tema al sentar las bases conceptuales para discutir la paz como parte de los DDHH.

Estos antecedentes se reflejan en la Resolución 71/189 de la Asamblea General de las Naciones Unidas (ONU, 2016), donde se afirma en su primer numeral que "toda persona tiene derecho a disfrutar de la paz", responsabilizando al Estado de ello para impulsar mecanismos que permitan el desarrollo sostenible, respeto a los DDHH, el desarme, igualdad de género, así como la solución pacífica de controversias.

Aunque estas directrices internacionales no son jurídicamente vinculantes para los Estados, sí son bases morales que reflejan décadas de debates, donde se va consolidando la paz como derecho humano en el derecho internacional e incluso como principio general del Derecho, donde es necesario continuar trabajando en esclarecer los mecanismos de exigibilidad y precisión en su contenido (Arrieta López, 2022).

Estas bases retoman principios de los DDHH que rigen la convivencia humana, entre los cuales se encuentra la no maleficencia, donde se prohíbe el infligir daño, lo cual sucede con la violencia sistémica que puede escalar a situaciones de guerra. Otro principio que resalta es el de beneficencia y promoción del bienestar, donde la paz fomenta el desarrollo humano, el fortalecimiento de los tejidos sociales a través de la confianza, comunicación asertiva y la puesta en práctica de los valores universales como el respeto, la tolerancia, la solidaridad, etcétera. Asimismo, el principio de justicia está vinculado a la paz positiva y duradera para lograr la justicia económica, ambiental, política y social (Walzer, 2001).

De esta manera, la paz cuenta con bases teóricas, jurídicas y filosóficas en constante transformación que buscan consolidarla como derecho humano al legitimar su existencia, reconocerla como obligación de los Estados a nivel internacional y dentro de sus límites nacionales para propiciar una visión integral que resalta la interdependencia con otros DDHH frente a los desafíos contemporáneos, como el auge de los algoritmos de inteligencia artificial, el deterioro del medio ambiente, las desigualdades globales, entre otros.

El derecho a la paz en las universidades mexicanas

En las últimas décadas, las universidades mexicanas han empezado a reconocer que la paz no es exclusivamente una aspiración moral, sino que se concibe como un derecho humano fundamental que debe permear los múltiples ámbitos de la vida universitaria. El derecho a la paz implica condiciones de justicia, reconocimiento, inclusión, equidad y agencia subjetiva, por lo que este principio ha sido analizado desde diferentes perspectivas teóricas y empíricas en el contexto mexicano, lo cual permite identificar una diversidad de dificultades y avances en su implementación institucional.

Desde hace una década, Lugo Villaseñor et al. (2015) realizaron un estudio sobre diez universidades públicas mexicanas, en el que identificaron que sólo tres incorporaban de forma explícita la educación para la paz en sus modelos educativos. Las universidades restantes lo hacían de forma marginal o nula, mostrando así un desfase entre el discurso normativo de los derechos humanos y su implementación pedagógica. Esta carencia también fue identificada por Islas et al. (2018), quienes encontraron que la autonomía universitaria ha impedido la conformación de una política estatal transversal clara para integrar la cultura de paz en el nivel superior.

No obstante, algunos estudios muestran la existencia de avances institucionales destacables. En la Universidad de Guadalajara, Gutiérrez Enríquez (2025) documenta la creación de asignaturas, programas extracurriculares y jornadas de capacitación orientadas a fortalecer la cultura de paz, aunque aún persiste una brecha entre las propuestas institucionales y las prácticas cotidianas. Otro caso paradigmático es el de la Universidad Autónoma de Campeche, donde la cultura de paz ha sido transversalizada en las funciones sustantivas universitarias a través de la Unidad de Igualdad e Inclusión, con un plan de acción detallado que evita duplicidades y permite mayor impacto (Valencia Gutiérrez et al., 2024).

Es por ello que Vera Hernández (2019) propone que la cultura de paz debe integrarse como eje transversal en la formación universitaria, articulando marcos normativos nacionales e internacionales con propuestas de metodologías activas, inclusivas y dialógicas. Esta postura se ve reforzada por González Chino (2023), al proponer una visión sistémica del derecho a la paz, el cual debe permear la docencia, la investigación, la extensión y la gestión institucional de las universidades.

Por otro lado, el enfoque desde la experiencia estudiantil y docente pone de relieve las representaciones sociales y prácticas cotidianas que configuran la paz universitaria. En ese sentido, Calderón García y Jiménez Torres (2024), desde la Universidad de Guadalajara, utilizan la teoría de las representaciones sociales para evidenciar que los estudiantes entienden la paz como un concepto amplio y multidimensional que incluye valores como la tolerancia, el respeto y la diversidad. Por su parte, Gutiérrez Díaz et al. (2023) exploran la perspectiva docente en universidades públicas y encuentran una valoración positiva de la paz como práctica transversal, aunque permeada por las condiciones estructurales, como la burocracia o la violencia simbólica.

En contextos de mayor diversidad cultural, como la Universidad Autónoma Indígena de México, Romero Castro (2023) encuentra que los estudiantes reconocen el diálogo, la escucha activa y el respeto al entorno como pilares de una cultura de paz. Estas actitudes están altamente ligadas a formas propias de resolución de conflictos a nivel local, que deben ser reconocidas y fortalecidas en las propuestas institucionales.

Por otro lado, algunos estudios han propuesto una relectura crítica y situada del derecho a la paz. Trujillo Castillo et al. (2024) integran aportes de pedagogías feministas, decoloniales y territoriales que sitúan la paz en las experiencias corporales, afectivas y comunitarias. De modo convergente, Cruz Vadillo (2024) advierte que la educación para la paz está condicionada por posiciones epistémicas desiguales que invisibilizan la diversidad y refuerzan formas de exclusión simbólica y cognitiva. Desde marcos como la justicia de reconocimiento (Fraser, Honneth), la teoría del habitus (Bourdieu) y las epistemologías políticas (Broncano), el autor señala que el derecho a la paz también exige una transformación desde la generación de conocimiento.

Las implicaciones prácticas derivadas de estas investigaciones coinciden en la necesidad de modificar los marcos institucionales, pedagógicos y epistemológicos que sostienen la cultura universitaria en México. Autores como Lugo Villaseñor et al. (2015) y González Chino (2023) hacen un llamado claro a las universidades para que asuman la cultura de paz no solamente como un complemento simbólico, más bien como parte de su misión educativa y responsabilidad social. Esto implica, además de incluir contenidos curriculares sobre paz y derechos humanos (Gutiérrez Enríquez, 2025; Islas et al., 2018), fortalecer estructuras de gobernanza educativa en busca de la transversalización efectiva en todas las carreras universitarias.

Desde una perspectiva crítica y situada, las investigaciones de Trujillo Castillo et al. (2024) y Cruz Vadillo (2024) advierten que el enfoque dominante sobre la paz en las universidades debe ser replanteado para reconocer los saberes territoriales, las afectividades y las desigualdades epistémicas que atraviesan la experiencia universitaria. Esto implica el diseño de pedagogías basadas en la escucha activa (Romero Castro, 2023), así como la formación docente con enfoque ético, político y de justicia social (Gutiérrez Díaz et al., 2023; Vera Hernández, 2019). Se plantea así una educación para la paz que revalorice los vínculos sociales desde un lugar de agencia estudiantil, reconocimiento intercultural y la diversidad.

La literatura revisada converge además en entender la cultura de paz como un derecho humano sustantivo, estrechamente vinculado con el derecho a la educación, al desarrollo integral y a una vida libre de violencia. Desde esta perspectiva, la cultura de paz no se reduce a un ideal normativo, sino que se expresa como una exigencia jurídica, ética y política. Autores como Lugo Villaseñor et al. (2015), Vera Hernández (2019) y Gutiérrez Enríquez (2025) fundamentan este enfoque al vincular la educación para la paz con los marcos legales nacionales, así como con tratados internacionales en materia de derechos humanos. Estas obras reconocen la obligación de las universidades públicas de garantizar este derecho a través de políticas institucionales, estructuras pedagógicas y entornos formativos orientados a la justicia, la equidad y la participación activa.

Desde una visión situada, Trujillo Castillo et al. (2024) y Cruz Vadillo (2024) amplían la comprensión del derecho a la paz como un derecho colectivo a la vida digna, a la no repetición de la violencia y al reconocimiento de la pluralidad cultural y cognitiva. Así, educar para la paz implica, además de transmitir conocimientos normativos, garantizar el derecho al reconocimiento, a la participación sin discriminación, y al desarrollo de capacidades humanas (Gutiérrez Díaz et al., 2023). Incluso en contextos interculturales, como la Universidad Autónoma Indígena de México (Romero Castro, 2023), el derecho a la paz se articula con el derecho a una educación que promueva la convivencia respetuosa y el diálogo, retomando recomendaciones de la Secretaría de Educación Pública (SEP) y la Organización de las Naciones Unidas para la Educación, la Ciencia y la Cultura (UNESCO). Estas relaciones constituyen la base de que el derecho a la paz en la educación superior no puede ser entendido de forma abstracta, sino enraizado en las condiciones reales de las instituciones, sus sujetos y territorios.

Paz intrapersonal de estudiantes universitarios de Jalisco

Antes de presentar los resultados de la encuesta a estudiantes universitarios es preciso contextualizar la muestra con datos generales. En primer lugar, cabe destacar que las mujeres representan casi el 70% del total, mientras que los hombres constituyen un 30.4%; esto significa que una gran cantidad de mujeres ingresa a las aulas universitarias, por lo que una política de paz que incluya cuestiones de género es imprescindible.

Respecto de la edad de las y los participantes, las medidas de tendencia central nos permiten tener una panorámica etaria general de la muestra. La edad promedio es de 21.9 años, lo que es coherente con la edad promedio en la que se encuentra una persona "normalmente" en la universidad, es decir, entre los 18 y los 24 años. Esto se ve reforzado por la mediana y la moda, de 20 y 19 años respectivamente; no obstante, existen varios casos de personas encuestadas que superan los 40, 50, e incluso uno mayor de 60 años que estudia la licenciatura en Derecho. Esto implica considerar a esta población etaria que representa la minoría, pues al salir del rango "normal" de edad, puede ser potencialmente discriminado o excluido para ciertas actividades académicas (ver Figura 1).

Figura 1. *Percepciones subjetivas de paz entre estudiantes universitarios*

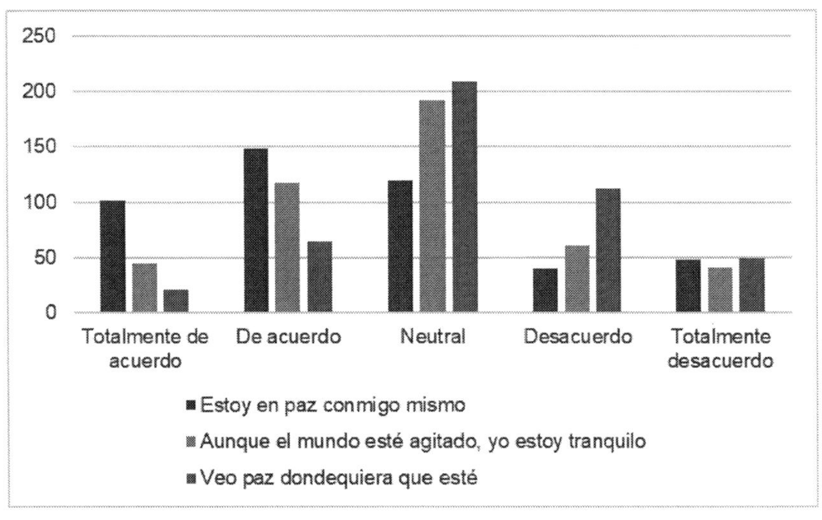

Nota: **Elaboración propia a partir de trabajo de campo.**

La primera aseveración "Estoy en paz conmigo mismo" es la que obtuvo la mayor concentración en las categorías "De acuerdo" (148 respuestas) y "Neutral" (119), con una alta proporción también en "Totalmente de acuerdo" (102). Esto representa una tendencia generalizada hacia una relativa vivencia de paz interior, con más del 50% de los encuestados ubicados en los niveles de acuerdo. Só5lo un 14.8% manifestó desacuerdo o total desacuerdo, lo que sugiere que los factores internos de bienestar personal son relativamente sólidos entre la muestra del estudiantado.

Se observa un cambio significativo en lo que respecta a la afirmación "Aunque el mundo esté agitado, yo estoy tranquilo", pues la mayoría de las respuestas se concentraron en la categoría Neutral (192), seguida por De acuerdo (118) y luego por Desacuerdo (61). Este patrón muestra una cierta fragilidad en la paz interior cuando se contextualiza frente a la agitación externa. Así pues, esto parece afectar más profundamente la tranquilidad subjetiva, lo cual señala una paz dependiente del entorno, y no completamente internalizada.

Sin embargo, la proposición "Veo paz dondequiera que esté" es la que muestra el nivel más bajo de acuerdo subjetivo, con apenas 86 respuestas sumadas entre Totalmente de acuerdo y De acuerdo, frente a un total de 162 en Desacuerdo y Totalmente en desacuerdo. Por otro lado, el mayor número de respuestas se ubicó en Neutral (209), esta distribución sugiere que la mirada hacia el entorno no está mediada predominantemente por la percepción de paz, tanto dentro de las universidades como fuera de ellas (ver Figura 2).

Figura 2. *Autopercepción emocional universitaria, en contexto de posibles conflictos internos o psicosociales*

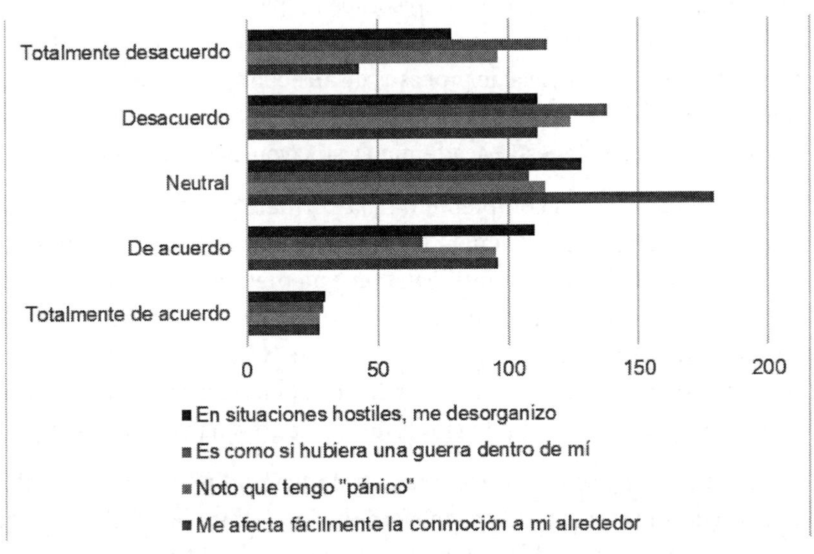

Nota: **Elaboración propia a partir de trabajo de campo.**

Es pertinente iniciar la presentación de los resultados de esta gráfica con la afirmación "Me afecta fácilmente la conmoción a mi alrededor" pues, aunque 124 estudiantes lo reconocen (de acuerdo o totalmente de acuerdo), el mayor grupo se mantiene en una postura neutral (179). Esta distribución de una parte significativa del alumnado indica ser sensible al entorno, además de que se puede inferir que no se tiene claridad emocional para reaccionar a la conmoción externa, lo cual puede fortalecerse con una educación emocional sistematizada en las universidades.

Se puede hacer un enlace con la aseveración "En situaciones hostiles, me desorganizo", pues cuenta con 140 respuestas afirmativas (De acuerdo y Totalmente de acuerdo), 189 totalmente o en desacuerdo, y el resto neutrales, siendo este argumento el que muestra la mayor polarización emocional. Aproximadamente, un tercio de la muestra del estudiantado se reconoce vulnerable frente a contextos hostiles, lo que representa un desafío para los programas educativos de cultura de paz.

En lo que respecta a la afirmación "Noto que tengo pánico", las respuestas dominantes tienden al desacuerdo (220), lo cual es positivo si se interpreta como baja prevalencia de episodios de pánico entre los encuestados. No obstante, 123 personas se reconocen en esta afirmación, por lo que existe una cierta presencia de procesos de ansiedad o angustia en sectores determinados de la población estudiantil, factores que podrían impactar negativamente su bienestar académico y su vivencia de paz interna.

Finalmente, y para complementar, la afirmación "Es como si hubiera una guerra dentro de mí" genera un alto rechazo en las escalas, pues 253 estudiantes (36%) no se identifican con esta metáfora de conflicto interior. Sin embargo, 96 estudiantes sí la comparten y 108 permanecen neutrales, lo que podría indicar que, aunque no es dominante, existe un sector que asocia su experiencia universitaria o personal con lucha interna, algo relevante desde una pedagogía del cuidado y la justicia emocional.

En la Figura 3 se introduce una comparación directa entre dos afirmaciones contrapuestas: la capacidad de encontrar paz en tiempos difíciles y la percepción de no conocer lo que es la paz. La mayoría tiende a posicionarse en niveles de acuerdo o neutralidad respecto a encontrar un lugar de paz interno, mientras que hay un volumen significativamente alto de estudiantes que afirman no saber lo que es la paz.

Figura 3. *Comparación entre la capacidad de encontrar paz en tiempos difíciles y percepción de no conocer qué es la paz*

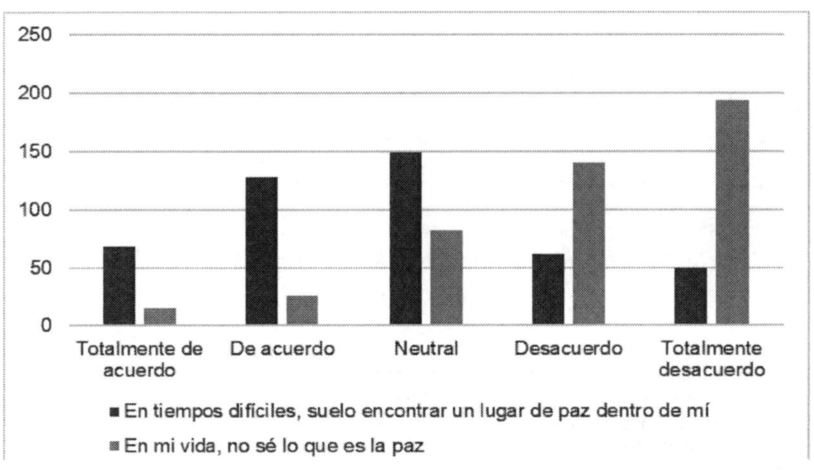

Nota: **Elaboración propia a partir de trabajo de campo.**

Más de 200 personas encuestadas (entre de acuerdo y totalmente de acuerdo) afirman tener la capacidad de encontrar paz interna aún en tiempos adversos. Esto indica una estructura emocional positiva en un número importante de estudiantes, un hallazgo de relevancia dentro del marco de la paz positiva. Sin embargo, una elevada proporción se mantiene en neutralidad (150), lo cual sugiere que aún no desarrollan herramientas suficientes de autorregulación emocional o introspección consciente, mientras que poco más de 100 estudiantes señalaron estar total o parcialmente en desacuerdo con la primera afirmación.

De igual manera, en lo que se refiere al desconocimiento de lo que significa la paz (segunda afirmación), la mayoría rechaza este hecho (340 personas entre en desacuerdo y totalmente en desacuerdo), indicando que el concepto de paz se encuentra presente en su marco de referencia personal. No obstante, alrededor de 100 estudiantes se identifican con el enunciado o se mantienen neutrales, ello indica la existencia de brechas de comprensión emocional o conceptual sobre la paz, posiblemente asociadas a contextos de violencia estructural o falta de acompañamiento psicoeducativo.

A partir de los resultados, se procedió a calcular la media y desviación típica en cada una de las dimensiones que conforman la escala de paz intrapersonal, así como en su conjunto (ver Tabla 1), lo cual permite identificar que los valores reportados por los participantes están agrupados cerca de la media aritmética al tener valores de desviación típica menores a uno, es decir que la variabilidad de los datos es baja.

Tabla 1. *Puntuaciones medias en las diferentes dimensiones de la escala de paz intrapersonal*

Dimensión	Media	Desviación típica
Armonía	3.17	0.90
Desequilibrio	2.76	0.91
Disonancia	2	0.87
Escala completa	2.64	0.69

Nota: **Elaboración propia a partir de trabajo de campo.**

Sin embargo, la media reportada de la escala completa con valor de 2.64 indica una baja paz intrapersonal entre las personas que conformaron la muestra, lo cual se refleja en una baja armonía, la existencia de un desequilibrio y disonancia que son factores de riesgo para el desarrollo de la persona y pueden ser retomados en el diseño e implementación de estrategias a nivel institucional que abonen a fortalecerlas, donde la convivencia escolar es un medio que puede contribuir a este fin.

Conclusiones

Después del análisis de la paz intrapersonal de estudiantes universitarios de Jalisco desde un abordaje socio jurídico, los resultados permiten visibilizar la necesidad de fomentar la cultura de paz en estos entornos al generar estrategias para implementar el marco normativo donde se ha considerado a la paz como un eje transversal en la educación y en la formación de los futuros profesionistas del país, siendo necesario fortalecer la educación en valores, habilidades de resolución de conflictos de forma constructiva y asertiva para consolidar ambientes educativos y de convivencia inclusivos y con armonía social.

La investigación realizada deja como parte de los aportes metodológicos la validación del instrumento al español, pues reportó indicadores aceptables para su aplicación en otras universidades públicas del país, que permitan evaluar la paz intrapersonal del estudiantado a fin de fortalecer prácticas educativas y sociales desde los marcos legales e institucionales correspondientes desde una perspectiva interdisciplinar, e incluso puede servir de base para la toma de decisiones de las instituciones de educación y como base empírica para la reacción, así como el fortalecimiento de políticas públicas.

Asimismo, este trabajo resalta que la paz contempla un aspecto interno a la persona y que es base para la transformación de los conflictos y para fomentar la convivencia pacífica en las sociedades y en los diversos contextos donde interactúa la persona en su día a día, como el escolar. Es pertinente continuar con esfuerzos para promover la paz desde lo individual y así contribuir a la prevención de distintos tipos de violencias que deriven en situaciones como la exclusión social.

Los resultados presentados pueden ser la base para el diseño de estrategias de acompañamiento como talleres que aborden temas como la comunicación asertiva, la educación en derechos humanos y la gestión emocional, entre otros, que permitan atender las causas de los conflictos sociales en el contexto universitario, donde el alumno pueda ser replicador de ello con las personas con quienes se relaciona, contribuyendo al quehacer de las universidades respecto a la justicia social, el derecho humano a la paz y la prevención de las violencias, fomentando la transformación de la sociedad desde el interior de las personas estudiantes.

Referencias

Abad, B. (2016). Investigación social cualitativa y dilemas éticos: de la ética vacía a la ética situada. *Empiria. Revista de Metodología de Ciencias Sociales, 34*, 101-120. http://doi.org/empiria.34.2016.16524

Arrieta López, M. (2022). Evolución del derecho humano a la paz en el marco de las Naciones Unidas y de las Organizaciones de la Sociedad Civil. *Jurídicas CUC, 18*(1), 519-554. https://revistascientificas.cuc.edu.co/juridicascuc/article/view/3637/4311

Burgos Clavillo, R., Vasquez Salgado, Y., y Greenfield, P. M. (2024). Cultural modes of conflict resolution, roomate satisfaction and school belonging: the role of socioeconomic status in university peer relations. *Current Research in Ecological and Social Psychology, 7*, 1-11. https://doi.org/10.1016/j.cresp.2024.100192

Calderón García, R., y Jiménez Torres, J. A. (2024). Cultura de paz en estudiantes universitarios: una mirada a través de la teoría de representaciones sociales. *RIDE. Revista Iberoamericana para la Investigación y el Desarrollo Educativo, 14*(28), e644. https://doi.org/10.23913/ride.v14i28.1847

Cruz Vadillo, R. (2024). Educación para la paz, inclusión y vulnerabilidad: un problema de posición epistémica. *Revista Latinoamericana de Estudios Educativos, 54*(2), 1–20. https://doi.org/10.48102/rlee.2024.54.2.626

Escobar-Pérez, J., y Cuervo Martínez, Á. (2008). Validez de contenido y juicio de expertos: una aproximación a su utilización. *Avances en Medicina, 6*, 27-36. https://www.humanas.unal.edu.co/lab_psicometria/application/files/9416/0463/3548/Vol_6._Articulo3_Juicio_de_expertos_27-36.pdf

Galtung, J. (1969). Violence, peace and peace research. *Journal of Peace Research, 6*(3), 167-191. https://www.jstor.org/stable/422690

George, D., y Mallery, P. (2003). *SPSS for Windows step by step: A simple guide and reference. 11.0 update*. Allyn & Bacon.

Gobierno del estado de Jalisco. (2021). Ley de Cultura de Paz del Estado de Jalisco. Periódico Oficial del Estado de Jalisco. https://congresoweb.congresojal.gob.mx/bibliotecavirtual/legislacion/Leyes/Ley%20de%20Cultura%20 de%20Paz%20del%20Estado%20de%20Jalisco-140521.doc

González-Chino, J. (2023). La paz a través de la educación. Perspectivas para el desarrollo de una cultura de paz en México desde las Instituciones de Educación Superior. *Eirene. Estudios de Paz y Conflictos*, *7*(13), 137–140. https://estudiosdepazyconflictos.com/index.php/eirene/article/view/273

Gutiérrez Díaz, A., Leal Pacheco, A., y Tapia Flores, E. (2023). Cultura de paz y formación integral en la universidad: la mirada de los docentes bajo el enfoque de las capacidades. *RIDE. Revista Iberoamericana para la Investigación y el Desarrollo Educativo*, *14*(28), e1848. https://doi.org/10.23913/ride.v14i28.1848

Gutiérrez Enríquez, J. A. (2025). Implementación, desafíos y perspectivas de la cultura de paz en la Universidad de Guadalajara. *Transregiones*, *5*(9), 59–74. https://www.revistatransregiones.com/web/index.php/tr/article/view/126/142

Hobbes, T. (1651). *Leviatán*. Alianza Editorial.

Islas, A., Vera-Hernández, D., y Miranda-Medina, C. (2018). La cultura de paz en las políticas de educación superior de México, Colombia y El Salvador. *Revista Educación y Humanismo*, *20*(34), 312–325. https://doi.org/10.17081/eduhum.20.34.2875

Kant, I. (1795). *La paz perpetua*. https://www.suneo.mx/literatura/subidas/Immanuel%20Kant%20La%20paz%20perpetua.pdf

Lugo Villaseñor, E., Gutiérrez Díaz, A., y Saenger Pedrero, C. (2015). Educación para la paz como derecho humano en universidades públicas mexicanas. *RES. Revista de Educación Social*, (20), 1–14. https://dialnet.unirioja.es/servlet/articulo?codigo=6480662

Luna Bernal, A. C. (2021). Atención plena disposicional y estilos de manejo de conflictos en estudiantes universitarios. *Revista Guatemalteca de Educación Superior*, *4*(2), 50-60. https://doi.org/10.46954/revistages.v4i2.62

Organización de las Naciones Unidas [ONU]. (1945). Carta de las Naciones Unidas. Asamblea General de las Naciones Unidas. https://www.un.org/es/about-us/un-charter

Organización de las Naciones Unidas [ONU]. (1948). Declaración Universal de los Derechos Humanos. Asamblea General de las Naciones Unidas. https://www.un.org/es/about-us/universal-declaration-of-human-rights

Organización de las Naciones Unidas [ONU]. (1966). Pacto Internacional de los Derechos Civiles y Políticos. Asamblea General de las Naciones Unidas.

https://www.ohchr.org/es/instruments-mechanisms/instruments/international-covenant-civil-and-political-rights

Organización de las Naciones Unidas [ONU]. (1966). Pacto Internacional de los Derechos Económicos, Sociales y Culturales. Asamblea General de las Naciones Unidas, 16 de diciembre de 1966. https://www.ohchr.org/es/instruments-mechanisms/instruments/international-covenant-economic-social-and-cultural-rights

Organización de las Naciones Unidas [ONU]. (1984). Declaración sobre el Derecho de los Pueblos a la Paz. Asamblea General de las Naciones Unidas. https://www.ohchr.org/es/instruments-mechanisms/instruments/declaration-right-peoples-peace

Organización de las Naciones Unidas [ONU]. (2016). Declaración sobre el Derecho a la Paz. Asamblea General de las Naciones Unidas. https://docs.un.org/es/A/RES/71/189

Romero-Castro, M. del R. (2023). Percepción de la noción de cultura de paz en la Universidad Autónoma Indígena de México. *Ra Ximhai, 19*(2), 35–48. https://doi.org/10.35197/rx.19.02.2023.02.mr

Saaida, M. (2023). Conflict resolution applications to peace studies. *Qeios, 19*, 1-12. https://www.qeios.com/read/TGC4D5/pdf

Santacruz Lima, R. (2024). Derecho y cultura de la legalidad: una propuesta para el restablecimiento social y la paz en México. *Revista Dilemas Contemporáneos: Educación, Política y Valores, 12*(1), 1-18. https://doi.org/10.46377/dilemas.v12i1.4377

Trujillo Castillo, M. F., Perales Franco, C., y Riquelme Manzano, E. (2024). Conceptualizar la educación para la paz en México desde pedagogías situadas. *Nueva Época, 54*(2), 100–106.

Udo, E. (2022). Development and validation of the intrapersonal peace scale. *British Journal of Psychology Research, 10*(1), 36-51. https://www.eajournals.org/wp-content/uploads/Development-and-Validation-of-the-Intrapersonal-Peace-Scale.pdf

Valencia Gutiérrez, M. del C., Niño Gutiérrez, N. S., García Ramírez, M. de J., Can Tun, S. G. del R., y Chi Ku, C. G. (2024). Fortalecimiento del proceso en la cultura de paz de la Universidad Autónoma de Campeche – México. En V. Meriño et al. (Eds.), *Gestión del conocimiento. Perspectiva multidisciplinaria* (Libro 70, pp. 133–147). Fondo Editorial de la Universidad Nacional Experimental Sur del Lago. https://doi.org/10.59899/Ges-cono-70-C8

Vera Hernández, D. (2019). *Educación para los derechos humanos y la cultura de paz en las instituciones públicas de educación superior en México* [Tesis doctoral, Universidad Juárez Autónoma de Tabasco]. Repositorio Institucional UJAT. https://ri.ujat.mx/bitstream/200.500.12107/4737/3/Dalila%20Vera%20Hern%C3%A1ndez.pdf

Walzer, M. (2001). *Guerras justas e injustas: un razonamiento moral con ejemplos históricos.* Paidós.

Capítulo 4

Ética digital y cultura de paz en la educación superior: Hacia una formación tecnológica inclusiva y transformadora

Ricardo Acosta Díaz[15]

Martha Karina Amezcua Luján[16]

Norma Angélica Barón Ramírez[17]

Introducción

En un contexto donde la polarización, la violencia y los discursos de odio predominan, la cultura de paz cobra gran relevancia. Ante este panorama, las instituciones de educación superior enfrentan el desafío de ser formadoras de individuos con pensamiento crítico y un compromiso ético. En el ámbito de las Tecnologías de la Información (TI), donde las decisiones técnicas tienen un impacto social significativo, es indispensable una formación universitaria que promueva valores como la equidad, la justicia y la responsabilidad social.

15. Universidad de Colima, Facultad de Telemática, doctor en Educación, acosta@ucol.mx https://orcid.org/0000-0002-0179-2906

16. Universidad de Guadalajara, Centro Universitario del Sur, Departamento en Ciencias Económicas y Administrativas, doctora en Estudios Fiscales, karina.amezcua@cusur.udg.mx https://orcid.org/0000-0002-6919-0362

17. Universidad de Colima, Facultad de Pedagogía, doctora en Educación en Innovación Tecnológica Educativa, norma@ucol.mx https://orcid.org/0000-0002-7555-5073

La carencia de herramientas para la resolución de conflictos y para la comunicación asertiva dificulta la integración de los estudiantes en comunidades diversas, así como su participación activa en decisiones colectivas. Investigaciones como la de Ramírez (2020) muestran que más del 60% del alumnado de universidades mexicanas no recibe orientación sobre cómo resolver o enfrentar conflictos sin recurrir a la violencia. Por ello es relevante una formación previa en diversos aspectos que implican la cultura de paz, fundamentalmente en la promoción del respeto a la diferencia, el manejo de las emociones y la negociación colaborativa, de lo contrario, la universidad corre el riesgo de agravar las tensiones sociales en lugar de transformarlas.

Cabe señalar que la educación básica y media continúan centradas en el rendimiento cognitivo, en disciplinar y en preparar para la realización de exámenes estandarizados. En este modelo se priorizan los contenidos sobre el desarrollo integral de la persona y dejan en segundo plano las competencias relacionadas con la convivencia pacífica, el diálogo intercultural o la ciudadanía crítica (Pérez y Hernández, 2021). En consecuencia, los estudiantes transitan hacia la Educación Superior sin experiencia en prácticas democráticas, mediación de conflictos o en trabajo colaborativo orientado a la justicia social, toda vez que la paz en estos niveles suele estar vinculada a discursos moralizantes o a festejos conmemorativos, y en menor medida a procesos pedagógicos estructurados y críticos (Restrepo, 2019).

Por ello, en este capítulo se analiza el papel de la educación superior en la promoción de una cultura de paz a partir de tres ejes: el rediseño curricular con un enfoque ético y social, la integración de la Inteligencia Artificial (IA) como herramienta formativa y la evaluación de la formación previa de los estudiantes en competencias para convivir pacíficamente. Asimismo, se plantea la incorporación transversal de la cultura de paz en los programas formativos, particularmente en ámbitos tecnológicos.

Para tal efecto, se lleva a cabo una revisión documental que comprende fuentes académicas, marcos normativos internacionales, documentos institucionales y experiencias curriculares desarrolladas en

América Latina. Además, se incorporan enfoques pedagógicos como el aprendizaje dialógico, el Diseño Universal para el Aprendizaje (DUA) y la educación transformadora. A partir de este marco, se efectúan propuestas concretas de articulación curricular, estrategias pedagógicas situadas y criterios de evaluación orientados a construir entornos universitarios éticos, inclusivos y comprometidos con la transformación pacífica de la sociedad.

Metodología

La investigación adopta un enfoque cualitativo con diseño documental y alcance descriptivo. Se sustenta en la revisión sistemática de literatura, a fin de identificar marcos normativos, fundamentos teóricos, experiencias pedagógicas y orientaciones curriculares para la integración transversal de la cultura de paz en programas universitarios, especialmente en áreas técnicas como TI. El análisis documental como metodología cualitativa, según Ruiz (2012), no se limita a la mera recopilación de información existente; implica una lectura crítica de los textos para construir significados en determinados contextos. Este enfoque se vincula con la hermenéutica que, como señalan Flick (2015) y Stake (1995), permite interpretar los documentos desde una perspectiva reflexiva y amplia.

Asimismo, se definieron los siguientes criterios de inclusión:

- Actualidad: se seleccionaron documentos publicados entre 2015 y 2024, con excepción de obras teóricas clásicas consideradas fundamentales (e.g., Freire, 1970; Galtung, 1996).
- Relevancia temática: se consideraron textos que abordan la cultura de paz, la ética digital, la inteligencia artificial en educación, el currículo inclusivo o los enfoques interseccionales y decoloniales en la educación superior.
- Pertinencia contextual: se eligieron documentos que abordan la realidad latinoamericana, particularmente en México y Colombia, por la riqueza de experiencias pedagógicas.

- Rigor académico: se analizaron artículos arbitrados, libros especializados, informes de organismos multilaterales (Organización de las Naciones Unidas para la Educación [UNESCO], Organización de las Naciones Unidas [ONU], Organización de Estados Iberoamericanos [OEI]) y documentos institucionales.

La búsqueda documental se llevó a cabo en bases de datos académicas como Scopus, Redalyc, Scielo y Google Scholar, así como en repositorios institucionales de universidades y organismos internacionales. Se utilizaron combinaciones de palabras clave tales como "cultura de paz", "educación superior", "ética digital", "inteligencia artificial en educación", "currículo inclusivo" y "justicia cognitiva". Los textos seleccionados fueron sometidos a una lectura exploratoria y luego a una codificación abierta para organizar la información en categorías (Strauss y Corbin, 2002).

La cultura de paz en la educación superior: marcos teóricos y normativos internacionales

La cultura de paz se sustenta en teorías y es promovida por organismos internacionales, uno de los marcos más significativos lo constituye la *Declaración sobre una Cultura de Paz*, adoptada por la Asamblea General de las Naciones Unidas (ONU, 1999), en la que se define la paz como "un conjunto de valores, actitudes y comportamientos que rechazan la violencia y previenen los conflictos mediante el diálogo y la cooperación". Concepción ampliada posteriormente en la *Declaración de Principios sobre la Cultura de Paz* de la UNESCO (1999), que resalta el papel central de la educación como medio para la construcción de sociedades más justas, solidarias y pacíficas.

La Agenda 2030 para el Desarrollo Sostenible, adoptada por la ONU en 2015, incorpora la cultura de paz en el Objetivo de Desarrollo Sostenible 16 (ODS 16): "Promover sociedades pacíficas e inclusivas para el desarrollo sostenible, facilitar el acceso a la justicia para todos y construir instituciones eficaces, responsables e inclusivas" (ONU, 2015). A través de este objetivo se hace un llamado a las instituciones de educación superior para asumir un compromiso activo en la prevención de la violencia, el diálogo intercultural y el respeto a los derechos humanos.

Para Paulo Freire (2005), la educación es una práctica de la libertad. Desde su perspectiva, educar para la paz comprende ser resistente a las diversas formas de violencia estructural, problematizar las desigualdades y promover la participación activa en los procesos de cambio social. Este enfoque lo complementa Johan Galtung (1990; 1996), quien hace la distinción entre paz negativa —entendida como la ausencia de violencia directa— y paz positiva —entendida como la presencia de justicia y equidad—, y sostiene que además de prevenir la violencia, los sistemas educativos deben promover de forma activa las relaciones sociales a la luz de la justicia y la inclusión, y deben ser sostenibles.

Algunas bases teóricas se han practicado en países como Colombia, que cuenta con iniciativas como la Cátedra de la Paz y el programa Escuelas de Paz, en donde se abordan y analizan temas como la memoria histórica, la mediación escolar y la reconciliación (Restrepo, 2019). México no es la excepción, la Secretaría de Educación Pública (SEP) cuenta con el Programa Nacional de Convivencia Escolar, que privilegia los valores, la legalidad y la prevención de la violencia (López y Castillo, 2019). Asimismo, la jornada nacional "Tequios por la paz y contra las adicciones", convocada por el Instituto Mexicano de la Juventud (IMJUVE), en coordinación con la SEP, tiene como objetivo promover la participación juvenil en actividades comunitarias orientadas a la construcción de una cultura de paz y la prevención de adicciones (IMJUVE, 2025).

En el ámbito universitario, instituciones como la Universidad Nacional Autónoma de México (UNAM) y la Universidad Autónoma Metropolitana (UAM) han desarrollado estrategias institucionales que implican la ética digital, la crítica ciudadana y la resolución de conflictos. Por su parte, la Universidad de Guadalajara (UdeG) ha puesto en marcha diversas iniciativas en materia de paz y protocolos contra la violencia, además, se ha sumado a acciones nacionales (UdeG, 2024). Estas acciones se complementan con el trabajo de redes como la Red Interuniversitaria por la Paz (REDIPAZ), que desde América Latina orienta el desarrollo curricular sensible a los contextos de violencia estructural, desigualdad social y migración forzada, integrando enfoques decoloniales y de justicia cognitiva (Álvarez-Gayou, 2021). Tanto los marcos normativos como los fundamentos teóricos coinciden en que la Cultura de Paz no debe abordarse de forma aislada o complementaria, debe convertirse en una dimensión estructural del quehacer educativo.

Presencia de la cultura de paz en el currículo de la educación superior

La integración de la cultura de paz en el currículo universitario es un desafío aún no resuelto en muchas instituciones de educación superior. Las disciplinas del ámbito de las ciencias sociales, la educación, los estudios humanísticos, han sido más receptivas que los campos técnicos, como las tecnologías de la información (TI). Se han implementado asignaturas sobre derechos humanos, mediación, justicia restaurativa o resolución pacífica de conflictos. Universidades como Harvard, la Sorbona y Oxford, por ejemplo, han integrado estos contenidos dentro de sus ofertas curriculares de base (UNESCO, 2015).

Según Álvarez-Gayou (2021), algunas universidades públicas en México, Colombia y Argentina desarrollan materias obligatorias o electivas relacionadas con temas de equidad, derechos humanos y ciudadanía crítica, que responden a los Objetivos de Desarrollo Sostenible (ODS). En contraste, en muchas carreras, el currículo continúa centrándose en el dominio de herramientas y competencias técnicas, sin asumir aspectos éticos, sociales o culturales propios del quehacer tecnológico (Brey, 2012; Noble, 2018).

López y Castillo (2019) consideran que esta fragmentación curricular es una "ceguera formativa", que vulnera en los futuros profesionales su capacidad de actuar éticamente en ámbitos complejos y conflictivos. El Tecnológico de Monterrey en México es una institución particular que incorpora competencias blandas como la comunicación asertiva, el liderazgo ético y la resolución de conflictos (Gutiérrez y Vélez, 2020). En este contexto, el principal obstáculo para la inclusión de la cultura de paz en las áreas técnicas es una concepción reduccionista del currículo que prioriza los resultados de aprendizaje medibles y estandarizados. Esta lógica, alineada con los modelos de productividad y eficiencia, ha relegado a segundo plano los componentes éticos, relacionales y humanistas de la educación superior (Morin, 1999; Floridi et al., 2018).

El rol de la inteligencia artificial en la promoción de valores para la paz

La Inteligencia Artificial (IA) ha transformado la vida social y educativa. Abre nuevas posibilidades para un aprendizaje personalizado y la mejora en la gestión académica que amplían el acceso al conocimiento. No obstante, su uso en la promoción de valores para la paz continúa siendo un campo emergente, que requiere de aspectos éticos y pedagógicos. La IA carece de neutralidad, por tanto, sus aplicaciones pueden ser generadoras de sesgos, desigualdades o, por el contrario, pueden establecer relaciones basadas en la justicia y la empatía.

Una de las aplicaciones de la IA en educación son los sistemas de tutoría inteligente, que adaptan contenidos y estrategias con base en las necesidades del estudiante. Estas plataformas integran módulos que incentivan el pensamiento crítico, la autorregulación emocional y la toma de decisiones éticas (Holmes, Bialik y Fadel, 2022). Por ejemplo, sistemas como Affectiva o Mindspark, además de monitorear el avance cognitivo, son capaces de detectar señales afectivas que permiten ajustar las interacciones, la inclusión de contenidos centrados en la empatía, la diversidad y la resolución de conflictos sin violencia.

Otra línea es el uso de Procesamiento de Lenguaje Natural (PLN) y análisis de sentimientos en plataformas de mediación de conflictos. Estas herramientas detectan tensiones en la comunicación, la presencia de emociones negativas e incluso patrones de agresión en interacciones digitales, lo que les permite activar alertas tempranas, sugerir intervenciones y controlar espacios de expresión (Chatterjee y Dethlefs, 2020). Su valor educativo reside en enseñar a los usuarios a cómo gestionar conflictos, identificar emociones ajenas y establecer diálogos basados en el respeto y la escucha activa.

La IA también se ha integrado a entornos inmersivos de Realidad Virtual (RV) en los que se generan experiencias que sensibilizan y desarrollan empatía. Mediante simulaciones interactivas, los estudiantes pueden vivir situaciones desde la perspectiva de personas vulnerables —como migrantes, víctimas de violencia o poblaciones excluidas—, que les permiten dimensionar las dinámicas de exclusión, injusticia o discriminación (Fitzpatrick, Darcy y Vierhile, 2017). Estas herramientas promueven valores de solidaridad, respeto a la diversidad, justicia social y coadyuvan a la generación de una pedagogía para la paz.

Actualmente, el ciberacoso ha ido en aumento, son comunes los discursos de odio y la violencia simbólica en redes sociales. La IA puede jugar un papel clave en la detección y prevención de estas prácticas. Algunos algoritmos entrenados son capaces de identificar el lenguaje ofensivo, amenazas o la exclusión sistemática, y han sido utilizados en diversas plataformas para mitigar riesgos y fomentar una ciudadanía digital altamente responsable (Livingstone, Stoilova y Nandagiri, 2017). Además, los *chatbots* como Woebot o Replika brindan apoyo emocional automatizado, en donde los estudiantes expresan sus emociones y reciben retroalimentación empática, además de ser canalizados a servicios de acompañamiento profesional. A pesar de su potencial, el uso de IA en educación para la paz exige una valoración ética profunda para evitar incurrir en el solucionismo tecnológico que asume que todo problema humano puede resolverse con datos o algoritmos. Por tanto, se requiere diseñar sistemas éticos y culturalmente pertinentes, es decir, desarrollados con base en principios de equidad, respeto a los derechos humanos y reconocimiento de contextos diversos (Floridi et al., 2018; Zuboff, 2019). La IA debe adaptarse a las diversas prácticas culturales, valores y necesidades locales y debe asegurarse que los sistemas sean construidos por diversos actores, incluyendo docentes, estudiantes, comunidades y expertos en derechos digitales, transparentes y auditables.

Perspectivas futuras sobre la integración de la cultura de paz en programas de tecnologías de la información (TI)

La integración de la cultura de paz en los programas de TI plantea un doble desafío para la educación superior: por un lado, formar profesionales competentes en entornos digitales complejos; por otro, el asegurar que dicha formación contemple valores de equidad, justicia y convivencia pacífica. De tal manera que se debe transitar de un currículo tecnocrático a un modelo integral, que articule el dominio técnico con competencias éticas, socioemocionales y ciudadanas. Para esto se hace necesario incorporar, de manera transversal, contenidos relacionados con la comunicación sin violencia, la resolución de conflictos pacífica, la ética del diseño, la justicia algorítmica y el pensamiento crítico en torno al impacto social de la tecnología (Floridi et al., 2018; UNESCO, 2019). Asignaturas como programación, ciberseguridad o desarrollo de software pueden integrar estudios de caso que aborden dilemas éticos reales, análisis de sesgos algorítmicos o reflexiones sobre privacidad y consentimiento digital. La cultura de paz, en este sentido, ayuda a repensar cada componente técnico desde una perspectiva humanista.

La Universidad Nacional de Colombia, a través de su programa Ingeniería con Propósito, ofrece una ingeniería comprometida con la justicia social y la resolución de problemas comunitarios. Estas experiencias demuestran que es posible una formación técnica con sentido ético, con voluntad institucional, acompañamiento docente y un diseño curricular intencionado.

Integrar la cultura de paz en estos programas implica formar profesionales que diseñen tecnologías que fomenten el diálogo intercultural, la cooperación transnacional y la resolución no violenta de conflictos globales (Ribble, 2011; Walsh, 2005). Desde una pedagogía de la paz, las TI deben orientarse hacia la soberanía tecnológica, el respeto a la diversidad cultural y la promoción de derechos digitales universales, lo que demanda un cambio en los enfoques pedagógicos.

A este respecto, el aprendizaje dialógico, el Diseño Universal para el Aprendizaje (DUA), la educación transformadora y el aprendizaje-servicio son metodologías que pueden facilitar esta transición, toda vez que promueven la participación activa de los estudiantes, la inclusión de diferentes voces y vinculan el conocimiento técnico con el compromiso ético (Mezirow, 1997; Flecha, 2000; Tapia-Ladino y Castillo, 2022). Implementar proyectos de codiseño ético, hackatones con impacto social, efectuar simulaciones con dilemas morales y realizar mentorías digitales en comunidades vulnerables son ejemplos concretos de cómo se puede enseñar tecnología desde la paz.

Fundamento teórico y pedagógico para la articulación de competencias ciudadanas y éticas en la formación tecnológica

La articulación de competencias ciudadanas y éticas en la formación tecnológica se justifica tanto desde una perspectiva normativa como desde modelos pedagógicos contemporáneos. La ciudadanía en la era digital no sólo debe acceder y usar tecnologías, también tiene que participar activamente en entornos virtuales de manera informada, respetuosa y responsable. Según Ribble (2011), esto comprende la comunicación ética, la seguridad digital, el respeto a la privacidad, la defensa de los derechos digitales y la lucha contra la desinformación y el ciberacoso. Las competencias éticas son un pilar en la formación de profesionales que diseñarán algoritmos, plataformas, sistemas de seguridad y entornos digitales que impactarán directamente en la vida social (Floridi et al., 2018).

Autores como Freire (2005) señalan que la educación no es un acto neutral, sino un proceso político que debe orientarse hacia la emancipación y la transformación social. Mezirow (1997), por su parte, propone el aprendizaje transformador como una vía para el desarrollo de la conciencia crítica para programar o diseñar sistemas no sólo desde la eficiencia, sino con responsabilidad y empatía.

Según Tibbitts (2017), la educación transformadora basada en los derechos humanos implica el fomento de la agencia personal y colectiva, la comprensión crítica de estructuras de poder y la participación en la construcción de entornos justos y sostenibles. Esta perspectiva se alinea de manera directa con los principios de la cultura de paz definidos por la UNESCO (1999).

Desde el punto de vista curricular, la inclusión de competencias ciudadanas y éticas en la formación tecnológica responde diversas necesidades:

- Pertinencia social: La sociedad requiere profesionales que enfrenten desafíos como la vigilancia masiva, la discriminación algorítmica o la manipulación de datos con espíritu crítico e informado (Noble, 2018).
- Legitimidad académica: Las universidades son responsables de la formación de profesionales no sólo para adquirir un empleo, también deben ser capaces de convivir democráticamente y de resolver pacíficamente los conflictos.
- Demanda del sector productivo: Empresas tecnológicas como Google o Microsoft incluyen criterios de ética, impacto social y diversidad en sus procesos de desarrollo y contratación (Boddington, 2017).

Por tanto, la integración de estas competencias fortalece la formación integral que transforma las formas de enseñar y de aprender, convierte a los estudiantes en profesionales solidarios capaces de crear, gestionar y evaluar tecnologías con una orientación humanista y crítica. Las metodologías tradicionales, centradas en la transmisión de conocimientos técnicos y la evaluación cuantitativa, resultan insuficientes; en este sentido, el aprendizaje dialógico, desarrollado por Flecha (2000), permite la construcción colectiva del conocimiento a través del diálogo igualitario que puede aplicarse mediante foros colaborativos, discusiones sobre dilemas éticos en programación, o espacios de co-creación de soluciones con impacto social.

Desde la perspectiva de Mezirow (1997) y Freire (2005), la educación transformadora genera cambios estructurales en la forma en que las personas comprenden y actúan en el mundo. Tratándose de las TI, pueden desarrollarse proyectos en los que se diseñen tecnologías para resolver problemáticas reales, como la exclusión digital o la desinformación.

El Diseño Universal para el Aprendizaje (DUA) es un enfoque que promueve la creación de entornos de aprendizaje flexibles, accesibles y centrados en la diversidad (CAST, 2018). En carreras tecnológicas, permite que los contenidos, las actividades y las evaluaciones comprendan diversos estilos de aprendizaje, capacidades y condiciones socioeconómicas que contribuyen a una formación inclusiva, en donde nadie queda excluido por barreras pedagógicas o tecnológicas.

Además de los marcos pedagógicos generales, existen estrategias específicas que permiten operacionalizar la cultura de paz en programas tecnológicos:

- Codiseño ético: involucramiento de estudiantes en el desarrollo de soluciones tecnológicas con comunidades, considerando principios como la equidad, la privacidad y la sostenibilidad desde la etapa de diseño (Perng, Kitchin y Mac Donncha, 2019).
- Simulaciones de IA para dilemas éticos: utilizar herramientas basadas en IA para recrear escenarios donde los estudiantes deban tomar decisiones ante situaciones éticamente complejas, que desarrollen el pensamiento crítico y la empatía (Schiff, 2021).
- Debates estructurados sobre tecnología y poder: discusión en el aula de casos reales sobre vigilancia digital, algoritmos discriminatorios o uso militar de la IA, desarrollando competencias argumentativas y conciencia ética (Floridi et al., 2018).
- Aprendizaje-servicio en contextos de inclusión digital: diseñar proyectos en los que los estudiantes colaboren con comunidades marginadas mediante capacitación digital, mentorías tecnológicas o desarrollo de aplicaciones con impacto social (Tapia-Ladino y Castillo, 2022).

Estas estrategias colocan a la tecnología al servicio de la dignidad humana y la alinean con principios de una educación para la paz. La cultura de paz debe convertirse en un eje estructurante del currículo, es decir, debe convertirse en una orientación transversal que dé sentido al aprendizaje basado en la ética, la inclusión y socialmente responsable, como se ejemplifica en la Tabla 1.

Una estrategia clave consiste en transversalizar los principios de la cultura de paz a lo largo de las asignaturas existentes, e implica:

- Incorporar análisis de dilemas éticos y de justicia algorítmica en materias de programación, análisis de datos y/o inteligencia artificial.
- Aplicar metodologías de aprendizaje basado en problemas que incluyan conflictos sociales reales y demanden soluciones tecnológicas con enfoque humanista.
- Promover la reflexión crítica sobre el impacto sociotécnico en asignaturas teóricas, a través del estudio de casos sobre exclusión digital, sesgos en IA o vigilancia algorítmica (Noble, 2018; Brey, 2012).

Este enfoque no sólo potencia la comprensión contextual de los conocimientos técnicos, sino que fortalece la capacidad de los estudiantes para actuar de manera ética y responsable en entornos profesionales complejos.

Tabla 1. *Ejemplos de articulación de contenidos de TI con la cultura de paz*

Asignatura	Contenido técnico	Enfoque de cultura de paz	Estrategia didáctica sugerida
Bases de Datos	Modelado y manejo de datos	Ética del manejo de datos personales, privacidad, consentimiento informado	Análisis de casos reales (Cambridge Analytica, Ley de Protección de Datos)
Programación	Lógica, algoritmos, estructuras de control	Diseño de simuladores para resolución pacífica de conflictos	Programación de entornos interactivos de mediación escolar
Redes de computadoras	Seguridad, protocolos, conectividad	Ciberseguridad con enfoque en derechos humanos y no discriminación	Análisis de políticas de acceso abierto, anonimato y vigilancia
Inteligencia Artificial	Aprendizaje automático, clasificación	Identificación de sesgos algorítmicos, equidad, rendición de cuentas	Talleres sobre justicia algorítmica y explicabilidad
Desarrollo de software	Ciclo de vida, pruebas, implementación	Codiseño ético, inclusión de usuarios vulnerables	Proyectos colaborativos con comunidades vulnerables
Taller de proyectos	Integración de conocimientos	Impacto social y tecnológico, participación ciudadana	Aprendizaje-servicio con proyectos de alfabetización digital

Fuente: Adaptado de Floridi et al. (2018) y Ribble (2011).

Nota: **Las estrategias aquí propuestas pueden adaptarse según el nivel educativo y las características institucionales.**

Además de la transversalización, se propone la inclusión de asignaturas específicas orientadas a la cultura de paz y la ética digital. Estas pueden adoptar formatos diversos:

- Cursos obligatorios: como "Ética profesional y cultura de paz en entornos digitales" o "Tecnologías para la justicia social".
- Talleres prácticos: sobre mediación de conflictos en línea, ciudadanía digital responsable o diseño centrado en el usuario con perspectiva intercultural.
- Seminarios optativos: sobre epistemologías del sur, justicia cognitiva o derechos digitales.

Estas asignaturas deben de contemplar una pedagogía activa, con énfasis en el diálogo, el trabajo colaborativo y comprometidas con problemáticas sociales concretas (Mezirow, 1997; Tapia-Ladino y Castillo, 2022).

Por su parte, la evaluación es clave en la articulación curricular. Para que la cultura de paz se vuelva un objetivo tangible deben ser evaluados los logros técnicos y las capacidades de trabajar en equipo respetando la diversidad, tomar decisiones técnicas basadas en principios éticos y plantear soluciones tecnológicas que impacten positivamente en la comunidad. Se recomienda el uso de rúbricas integrales, portafolios reflexivos, evaluaciones entre pares y proyectos con impacto social como formas de evaluación alineadas con estos objetivos (Furman, 2018).

La integración curricular de la cultura de paz sólo será efectiva si se cuenta con docentes formados y comprometidos con esta visión. Por ello es indispensable implementar:

- Programas de formación continua en pedagogía crítica, ética digital y enfoques inclusivos.
- Comunidades de práctica interdisciplinarias que faciliten la co-creación de experiencias de aula centradas en la paz.

- Herramientas institucionales que reconozcan y evalúen el trabajo docente vinculado a la promoción de valores democráticos, justicia y equidad.

El rol docente en este proceso no es el de un transmisor de contenidos, sino el de un facilitador de experiencias educativas transformadoras.

Conclusiones

La integración de la cultura de paz en la educación superior, y en particular en los programas de formación en tecnologías de la información, constituye una necesidad ética, pedagógica y social ineludible. Lejos de representar un adorno discursivo o un componente marginal del currículo, se trata de una dimensión estructural que debe orientar la formación profesional hacia la responsabilidad social, la justicia digital y la transformación pacífica de los entornos educativos y tecnológicos.

A lo largo de este capítulo se ha argumentado que dicha integración requiere acciones multilaterales: reformas curriculares profundas, incorporación transversal de contenidos éticos y ciudadanos, adopción de enfoques pedagógicos transformadores y fortalecimiento del rol docente como facilitador de procesos críticos y participativos. La evidencia analizada muestra que es posible articular conocimientos técnicos con valores humanistas, sin que esto implique pérdida de rigor académico o calidad profesional; por el contrario, esta articulación amplía el horizonte de sentido de la formación tecnológica y potencia su impacto social.

La IA, como herramienta formativa, facilita el aprendizaje además de detectar tensiones socioemocionales y fomentar valores basados en la empatía, el diálogo y el respeto. Se potencializa si se evita contextualizarla en el solucionismo tecnológico y, en cambio, se enfoca en fortalecer competencias ciudadanas.

Finalmente, la implementación de competencias previas en resolución de conflictos, comunicación asertiva y manejo emocional debe convertirse en una constante para orientar la acción pedagógica en los niveles educativos previos a la educación superior, con la finalidad no sólo de nivelar saberes técnicos, sino de también fortalecer las capacidades de los estudiantes para convivir pacíficamente y construir entornos inclusivos. En síntesis, se requiere una transformación de fondo que haga de la cultura de paz un eje articulador de todo el currículo.

Referencias

Álvarez-Gayou, J. L. (2021). *Currículo y cultura de paz en la educación superior: Una mirada desde América Latina.* Universidad Nacional Autónoma de México.

Boddington, P. (2017). *Towards a Code of Ethics for Artificial Intelligence.* Springer.

Brey, P. (2012). Anticipatory ethics for emerging technologies. *Nanoethics, 6*(1), 1–13. https://doi.org/10.1007/s11569-012-0141-7

CAST. (2018). Universal Design for Learning Guidelines version 2.2. http://udlguidelines.cast.org

Chatterjee, A., y Dethlefs, N. (2020). Explainable artificial intelligence for designers: A human-centred perspective on algorithmic transparency. *Proceedings of the 2020 ACM Designing Interactive Systems Conference*, 135–147.

Fitzpatrick, C., Darcy, K., y Vierhile, M. (2017). *What's trending in gifting: A look into the modern gift-giving mindset.* Mintel Group Ltd.

Flecha, R. (2000). *Sharing Words: Theory and Practice of Dialogic Learning.* Rowman & Littlefield.

Flick, U. (2015). *Introducción a la investigación cualitativa* (5.ª ed.). Morata.

Floridi, L., Cowls, J., Beltrametti, M., Chatila, R., Chazerand, P., Dignum, V., ... y Vayena, E. (2018). AI4People—An ethical framework for a good AI society: Opportunities, risks, principles, and recommendations. *Minds and Machines, 28*(4), 689–707. https://doi.org/10.1007/s11023-018-9482-5

Freire, P. (2005). *Pedagogía del oprimido* (30.ª ed.). Siglo XXI Editores. (Obra original publicada en 1970)

Furman, M. (2018). *Cómo pensamos las evaluaciones escolares: entre la calificación, la inclusión y la mejora.* Siglo XXI.

Galtung, J. (1990). Cultural violence. *Journal of Peace Research, 27*(3), 291–305. https://doi.org/10.1177/0022343390027003005

Galtung, J. (1996). *Peace by Peaceful Means: Peace and Conflict, Development and Civilization*. SAGE Publications.

Gutiérrez, A., y Vélez, M. (2020). La integración de competencias blandas en programas de ingeniería. *Revista Educación y Desarrollo Social, 14*(2), 115–134.

Holmes, W., Bialik, M., y Fadel, C. (2022). *Artificial intelligence in education: Promises and implications for teaching and learning*. Center for Curriculum Redesign.

Instituto Mexicano de la Juventud [IMJUVE]. (2025). *Lista de puntos a intervenir en la Jornada Nacional de Tequios por la paz y contra las adicciones*. https://www.gob.mx/imjuve/documentos/lista-de-puntos-a-intervenir-en-la-jornada-nacional-de-tequios-por-la-paz-y-contra-las-adicciones?utm_source=chatgpt.com

Livingstone, S., Stoilova, M., y Nandagiri, R. (2017). *Children's data and privacy online: Growing up in a digital age*. London School of Economics and Political Science.

López, R., y Castillo, M. (2019). Convivencia escolar y cultura de paz en las escuelas mexicanas. *Educación y Sociedad, 40*(1), 55–73.

Mezirow, J. (1997). Transformative learning: Theory to practice. *New Directions for Adult and Continuing Education, 74*, 5–12. https://doi.org/10.1002/ace.7401

Morin, E. (1999). *Los siete saberes necesarios para la educación del futuro*. UNESCO.

Noble, S. U. (2018). *Algorithms of Oppression: How Search Engines Reinforce Racism*. NYU Press.

Organización de las Naciones Unidas [ONU]. (1999). *Declaración sobre una Cultura de Paz. Resolución A/RES/53/243 de la Asamblea General*. https://www.un.org/es/documents/view_doc.asp?symbol=A/RES/53/243

Organización de las Naciones Unidas [ONU]. (2015). *Transforming our world: The 2030 Agenda for Sustainable Development*. https://sdgs.un.org/2030agenda

Organización de las Naciones Unidas para la Educación, la Ciencia y la Cultura [UNESCO]. (1999). *Declaración y Programa de Acción sobre una Cultura de Paz*. https://unesdoc.unesco.org/ark:/48223/pf0000116065

Organización de las Naciones Unidas para la Educación, la Ciencia y la Cultura [UNESCO]. (2019). *Marco de competencias de los docentes en materia de TIC* (versión 3). https://unesdoc.unesco.org/ark:/48223/pf0000265721

Pérez, M., y Hernández, C. (2021). Competencias ciudadanas y cultura de paz en la educación media. *Educación y Sociedad, 42*(1), 123–138.

Perng, S. Y., Kitchin, R., y Mac Donncha, D. (2019). Hackathons, entrepreneurial life and the making of smart cities. *Geoforum, 106*, 61–67. https://doi.org/10.1016/j.geoforum.2019.07.005

Ramírez, J. (2020). La formación socioemocional del estudiantado universitario: desafíos y omisiones. *Revista de Educación Crítica, 10*(2), 45–63.

Restrepo, M. (2019). Educación para la paz: una mirada desde la escuela pública colombiana. *Revista Latinoamericana de Estudios Educativos, 15*(1), 67–85.

Ribble, M. (2011). *Digital Citizenship in Schools: Nine Elements All Students Should Know* (2nd ed.). International Society for Technology in Education (ISTE).

Ruiz, C. (2012). *Metodología de la investigación cualitativa: Guía para principiantes*. Editorial Trillas.

Schiff, D. (2021). Teaching AI ethics using science fiction. *AI and Ethics, 1*, 157–165. https://doi.org/10.1007/s43681-020-00014-1

Stake, R. E. (1995). *The art of case study research*. SAGE Publications.

Strauss, A., y Corbin, J. (2002). *Bases de la investigación cualitativa: Técnicas y procedimientos para desarrollar la teoría fundamentada* (2.ª ed.). Universidad de Antioquia.

Tapia-Ladino, M., y Castillo, R. (2022). Aprendizaje-servicio universitario en proyectos de transformación digital con perspectiva comunitaria. *Revista Educación y Ciudad*, (43), 129–140. https://doi.org/10.36737/01230425.n43.2022.2774

Tibbitts, F. (2017). Revisiting 'Emerging Models of Human Rights Education'. *International Journal of Human Rights Education, 1*(1), 1–22.

Universidad de Guadalajara [UdeG]. (2024). *Plan de trabajo 2024–2025 para la cultura de paz*. H. Consejo General Universitario, Dictamen Núm. I/2024/502. https://www.gaceta.udg.mx/wp-content/uploads/2025/03/091-Plan-Institucional-de-Cultura-de-Paz-2025-R.pdf

Walsh, C. (2005). Interculturalidad y colonialidad del poder: un pensamiento y posicionamiento "otro" desde la diferencia colonial. En C. Walsh et al. (Eds.), *Interculturalidad, descolonización del Estado y del conocimiento* (pp. 47–62). Universidad Andina Simón Bolívar.

Zuboff, S. (2019). *The age of surveillance capitalism: The fight for a human future at the new frontier of power*. PublicAffairs.

Capítulo 5
El fomento de cultura de paz y de legalidad en contexto universitario

Lorena Martínez Martínez[18]

Ana Olivia Cárdenas Anguiano[19]

MarianaYazmín Cárdenas Marín[20]

Introducción

En la actualidad, dentro de la Universidad de Guadalajara, la educación superior se presenta como una columna primordial para el desarrollo personal y profesional de los alumnos. Dentro de su formación académica se han implementado acciones que conllevan al fomento de la cultura de paz y a una cultura de legalidad, como parte importante de los proyectos que se desarrollan. El presente proceso de intervención se llevó a cabo con alumnos de la Maestría en Derecho del Centro Universitario del Sur de la Universidad de Guadalajara, quienes trabajaron en proyectos de intervención para el fomento de cultura de paz y legalidad dentro de la misma institución; realizaron el diseño y plantearon un

18. Universidad de Guadalajara, Centro Universitario del Sur, Departamento de Ciencias Sociales, doctora en Derecho, miembro del Sistema Nacional de Investigadores e Investigadoras Nivel I, lorenamm@cusur.udg.mx https// orcid.org/0000-0002-7991-3173.

19. Universidad de Guadalajara, Centro Universitario del Sur, abogada, estudiante de la Maestría en Derecho, ana.cardenas6106@alumnos.udg.mx https://orcid.org/0009-0005-7731-0140

20. Universidad de Guadalajara, Centro Universitario del Sur, abogada, estudiante de la Maestría en Derecho, mariana.cardenas4302@alumnos. udg.mx https://orcid.org/0009-0003-1775-7771.

proyecto para replicarlo, y posteriormente hacer la evaluación del ejercicio. La metodología utilizada fue investigación acción participativa, teniendo como resultado que algunos de los alumnos desconocen sus derechos universitarios, y se evidenció la necesidad de generar estrategias en donde los alumnos y las alumnas puedan conocer sus derechos y obligaciones en el contexto universitario.

Conocer estos derechos no sólo empodera y cambia la visualización de los estudiantes, sino que también fomenta un ambiente académico más justo y equitativo. Desde el acceso a una educación de calidad hasta la protección contra la discriminación y el derecho a la libertad de expresión, entender y ejercer estos derechos es crucial para garantizar una experiencia universitaria enriquecedora y plena.

Los proyectos presentados por los alumnos de la Maestría en Derecho permitieron visualizar las problemáticas que existen hoy en día, permitiendo de esta manera que se involucren en estas temáticas y puedan dar posibles soluciones o simplemente dar a conocer a los estudiantes sus derechos para lograr una cultura de la legalidad y, por ende, una cultura de paz en entornos universitarios.

Este conocimiento no sólo beneficia a los estudiantes individualmente, sino que también contribuye a la integración de comunidades académicas más informadas y activas, ante la defensa de sus intereses y bienestar como universitarios. La promoción de la cultura para la paz en entornos universitarios es un proceso esencial para los alumnos. Las universidades, como centros de conocimiento y reflexión, tienen la responsabilidad de ser agentes de cambio, fomentando un ambiente donde el diálogo, la tolerancia y el respeto mutuo prevalezcan siempre entre alumnos, administrativos, docentes y demás personal. Este enfoque no sólo busca prevenir conflictos, sino también cultivar un sentido de comunidad que celebre la diversidad y promueva la empatía.

El Centro Universitario del Sur se caracteriza por la interacción de diversas culturas, ideologías y perspectivas, lo que lo convierte en un espacio oportuno para la promoción de la cultura de paz. Iniciativas que se dan dentro del centro universitario con talleres como Conociendo mis derechos, programas de promoción de la cultura de legalidad y actividades interactivas que involucran a estudiantes, profesores y demás personal académico, son fundamentales para sensibilizar sobre la importancia de la cultura de paz. Asimismo, el compromiso de las instituciones con políticas inclusivas y la promoción de derechos humanos refuerzan este ambiente.

La educación de la cultura de la paz no sólo se centra en la prevención de la violencia, sino que también aboga por la construcción de relaciones armoniosas y la colaboración en la búsqueda de soluciones a problemas estudiantiles. Al sensibilizar a los estudiantes en habilidades de comunicación, conocimiento, empatía y el trabajo en equipo, se les encamina para que su estancia como universitarios sea armoniosa. De esta manera, las universidades no sólo forman profesionales, sino también agentes de cambio comprometidos con la construcción de un mundo más pacífico.

Con esta intervención se instruye y se sensibiliza a los alumnos sobre las problemáticas que hoy en día se presentan en nuestros entornos, con la finalidad de identificar aquellos problemas que nos aquejan primordialmente. Se hace un análisis en donde los alumnos identifican algunas de las situaciones que pueden llegar a causar un problema o conflicto en el día a día dentro del entorno universitario, mediante una exposición se establecen los lineamientos que deben contener cada uno de los proyectos que se deben de realizar por equipo, debiendo abordar los temas de forma innovadora y original. Además, la ejecución del proyecto debe ser viable con pocos recursos y dentro del tiempo determinado, por lo que se estableció que estos proyectos deberían contener varios lineamientos a evaluar desde el formato, la ortografía, su estructura, pertinencia y congruencia entre la problemática y los objetivos, debiendo tener un cronograma para todas las acciones a desarrollar, de tal forma que les permitieran evaluar los resultados esperados al final de la intervención dentro de las instalaciones del Centro Universitario del Sur, siendo dirigido a toda la comunidad universitaria de dicha institución.

Se considera, como menciona Picón (2022), que la cultura de paz es parte de un proceso de aprendizaje en donde los mismos conflictos pueden dar pauta a fundamentar y realizar cambios sociales en las diferentes incidencias que se pueden presentar, en los ámbitos culturales, sociales y educativos, que al interactuar permiten lograr una cultura de paz y legalidad que llevan al crecimiento para entender el diario vivir. Por otra parte, menciona que el desarrollo integral en las personas permite reafirmar valores y al ser respetados los derechos humanos se logra tener una cultura de paz.

Además, Picón (2022) nos habla de la responsabilidad social universitaria, que se refiere a la importancia de formar profesionales integrales capaces de identificar la realidad y las necesidades que se presentan en las comunidades. Ver la responsabilidad social universitaria de forma transversal, desde la academia, como proceso de formación, puede ser una estrategia para abordar problemas, que los estudiantes analicen y puedan ser ellos quienes identifiquen estas problemáticas, de tal forma que puedan llevar a la discusión, y así, la educación pueda desarrollar competencias sociales y emocionales que desde el aula se fortalezcan. Esa cultura que vaya dirigida a lograr una cultura de convivencia y de paz en los entornos universitarios.

Un estudio realizado por Briseño Montes de Oca et al. (2024) hace referencia a la construcción de una cultura de paz en el entorno universitario en dos programas educativos adscritos al Centro Universitario del Sur, mediante el cual se obtuvo como resultado que la mejor variable evaluada fue la confianza y la promoción de la unión entre compañeros, mientras que el trato respetuoso por parte del personal académico obtuvo la puntuación más baja, lo que evidencia con ello áreas de mejora en las relaciones entre estudiantes y docentes.

La educación para la paz y la legalidad permite identificar aquellos conflictos que se suscitan en una comunidad universitaria en el día a día. Tratar mediante estos procesos formativos permite la solución de conflictos, de la mala comunicación y que se respeten los derechos humanos, de tal forma que estas intervenciones y el acercamiento con los alumnos y alumnas permite la participación entre los mismos, quienes entienden perfectamente las situaciones y replican, ya que tienen ese rol de estudiantes y saben los alcances que se puede tener en la vida universitaria.

En ese sentido cada equipo logró identificar una problemática que se suscita con los alumnos y alumnas del Centro Universitario del Sur, que para este trabajo se tomaron como base dos talleres que van dirigidos a promover una cultura de legalidad, con temáticas de derechos y obligaciones que tienen los alumnos y alumnas. Se considera que los conocimientos en estas temáticas permiten lograr una cultura de paz, ya que se logra reconocer los derechos y obligaciones que, al ser respetados, permiten una buena convivencia.

Metodología

El presente estudio se realiza desde la investigación acción participativa que, de acuerdo con Balcazar (2003), permite identificar un problema que se pueda investigar y actuar, y estar en la posibilidad de dar solución y promover posibles estrategias en un determinado grupo o comunidad. En este caso hablamos de una comunidad universitaria, en donde se busca atender necesidades. Los alumnos de la Maestría en Derecho, en primer término, identifican las problemáticas, establecen talleres que conllevan a dar solución y a promover una cultura de legalidad y de paz para lograr que prevalezca el respeto a los derechos humanos y con ello existan espacios armoniosos.

Para la construcción de cada taller se partió de una presentación de Power Point por parte de la docente, en la cual se establecieron los lineamientos que debería contener el proyecto desde el título, la problemática a abordar y qué recursos deberían utilizar, de tal forma que el proyecto, al ser replicado, tendría que ser innovador y atractivo para que fuera de interés de la población universitaria. Una vez revisado y aprobado el proyecto, se establecieron fechas para su ejecución, buscando lugares estratégicos en el Centro Universitario del Sur, en donde hubiera mayor afluencia de alumnos. Cada equipo buscó su espacio, de tal forma que lo pudieron adecuar a las condiciones y recursos que ellos requerían, desde mesas o sillas, uso de carteles, globos, trípticos con información alusiva al tema, además de que algunos utilizaron material para realizar juegos como botellas, pelotas, entre otros. Se realizó un registro para identificar la cantidad de alumnos atendidos y las carreras que cursaban. Para el cierre de este ejercicio, cada equipo entregó un reporte final que contenía sus reflexiones y propuestas de mejora.

Esta forma de trabajo, como lo comentan Kárpava y Ramos (2020), permite que se trabaje con responsabilidad y que se tomen decisiones prácticas para implementar los talleres, de tal forma que sean ellos constructores y analíticos, y se dé el diálogo y la discusión a fin de construir conocimiento para formar a estudiantes críticos, capaces de combinar el conocimiento teórico y llevarlo a la práctica.

Resultados

De la Rosa Ruiz et al. (2022) nos comenta que la educación académica es esencial para formar conciencia crítica en los alumnos, en donde les permite identificar y evaluar problemas que se presentan, de tal forma sean capaces de utilizar herramientas que permitan la solución de los mismos. En este caso en particular se busca formar a los alumnos de posgrado para que sean ellos agentes de cambio en la cultura de legalidad y de paz.

En este proceso de intervención, realizado por alumnos de la Maestría en Derecho del Centro Universitario del Sur de la Universidad de Guadalajara, se consideró como estrategia la enseñanza. Picón (2022) dice que es una herramienta primordial por medio de la cual nos puede permitir educar para la paz. Una vez que los alumnos identificaron una problemática, diseñan el proyecto y se logra construir la forma de su ejecución; esta es una forma innovadora y atractiva para su implementación. La educación para la paz tiene como propósito, como lo dice Picón (2022), lograr en los alumnos una mentalidad de paz, en donde cambien su ideología, buscando, ante todo, herramientas para la resolución de conflictos, capacitando a las personas para quc, mediante el diálogo, encuentren posibles soluciones. Por otra parte, dar herramientas en cultura de legalidad para que conozcan sus derechos y obligaciones, les puede dar la pauta a originar espacios armoniosos y, sobre todo, evitar que se transgredan sus derechos humanos que como universitarios tienen para el buen desarrollo durante su estancia en la institución educativa.

A continuación se describirán dos proyectos, los cuales fueron construidos por alumnos de la Maestría en Derecho desde su diseño, desarrollo, implementación y evaluación.

Taller 1. Conociendo mis derechos y obligaciones como universitarios

Este proyecto refleja la problemática de que la mayoría de los estudiantes desconoce la normativa universitaria, en la que se establecen los derechos y obligaciones que adquieren al ser universitarios, así como otros ordenamientos de la propia institución, como el Código de ética y el Código de conducta de la Universidad de Guadalajara, el Reglamento de Responsabilidades Vinculadas con Faltas a la Normatividad Universitaria, y la Ley Orgánica de la Universidad de Guadalajara.

Cabe señalar que la finalidad de este ejercicio fue llegar al mayor número de alumnos de las diferentes carreras que oferta el Centro Universitario del Sur de la Universidad de Guadalajara con la intención de contrarrestar el paradigma de que, al ser ordenamientos jurídicos, únicamente deben ser de interés de los abogados. Mediante este ejercicio, se motivó el que todos los miembros de la comunidad universitaria conozcan y apliquen la normativa que contiene los derechos y obligaciones que rigen la cotidianidad estudiantil, académica y administrativa. Para este ejercicio se tomaron en cuenta los instrumentos jurídicos que se describen a continuación.

El Código de conducta (Universidad de Guadalajara [UdeG], 2021) es un ordenamiento aplicable a toda la comunidad universitaria. Tiene como objetivo establecer criterios que orienten el comportamiento de esta comunidad y aplicar los principios y valores que se describen en el Código de ética. Dentro de este ordenamiento se establecen algunos valores y principios; en el artículo 8, fracción VII, habla de que se debe promover la investigación y la difusión de información en materia de prevención y erradicación de la violencia, lo que sustenta estos ejercicios que se realizan, con los que se busca precisamente difundir la cultura de paz y de legalidad.

Por otra parte, el Código de ética (UdeG, 2018) establece los principios y valores que permitirán lograr una mejor convivencia, siendo de carácter obligatorio para todos los integrantes de la comunidad universitaria. En relación con la cultura de paz, indica que se deberá privilegiar el diálogo, establecer acuerdos y resolución de conflictos, el respeto a las normas y buscar una convivencia armoniosa.

A fin de dar a conocer tanto el Código de conducta como el Código de ética, los alumnos elaboraron un *flyer* para que fuera de mayor interés a quienes les entregaron esta información, en el que describen los valores que integran estos ordenamientos, tales como democracia, desarrollo sustentable, diversidad, educación para la paz, equidad, honestidad, igualdad, justicia, legalidad, libertad, respeto, responsabilidad, solidaridad. Esta información se presentó de manera atractiva e innovadora a sus lectores.

En el taller se les dio a conocer el Reglamento de Responsabilidades Vinculadas con Faltas a la Normatividad Universitaria de la Universidad de Guadalajara (UdeG, 2022), el cual tiene como objetivo establecer los procedimientos de responsabilidad, informar quiénes son las autoridades competentes ante ciertos casos de posibles violencias y/o responsabilidades, qué tipos de faltas y sanciones son aplicables en la Universidad de Guadalajara, ya sea por faltas generales, faltas en materia electoral o académica, además de actos de violencia. Es importante mencionar que los participantes comentaron desconocer por completo sobre este ordenamiento normativo; al exponerles algunos claros ejemplos de tipos de violencia, como la "violencia escolar", se les hizo de conocimiento que desde el simple hecho de estar poniendo un apodo a alguno de sus compañeros, esto ya ameritaba responsabilidad para la persona que ejerce este tipo de acciones, ellos se mostraban sorprendidos ante esta información.

La finalidad de dar a conocer en específico este Reglamento de Responsabilidades Vinculadas con Faltas a la Normatividad Universitaria fue concientizar a cada uno de los participantes sobre las conductas que, posiblemente, en más de alguna ocasión han implementado en los entornos universitarios. Se espera que por su conducto se replique toda esta información que les fue proporcionada en el taller.

Además, en esta información se incluyó la Ley Orgánica de la Universidad de Guadalajara (UdeG, 2021), específicamente su artículo 90, respecto a las causas generales de responsabilidad y las sanciones administrativas por infringir el orden jurídico interno.

Para el desarrollo de este taller, en primer lugar, se les dio una breve charla sobre la importancia que implica el conocer los derechos y obligaciones que se adquieren al ser universitarios. Se les informó, por medio del *flyer*, diferentes valores que contemplan el Código de ética y el Código de conducta de la Universidad de Guadalajara, se anexó un código QR que se podía escanear y les arrojaba mayor información sobre las causales de responsabilidad a las cuales se puede ser acreedor.

Posteriormente se llevó a cabo el "Juego de las botellas coloridas", el cual consistió en hacer grupos de 4 a 5 participantes. En una mesa se colocaron 10 botellas llenas de agua de 5 diferentes colores, de tal forma que había 2 botellas de cada color. 5 botellas de colores distintos estaban visibles, y las otras 5 se encontraban cubiertas con un cartón. En cada turno, un participante contestaba una pregunta que se le hacía con relación a la charla que se les brindó al inicio de la actividad, si respondía de manera correcta, tenía la oportunidad de tomar una de las 5 botellas que estaban a la vista para que la ubicara frente al cartón, en dirección de la botella que consideraba era la posición correcta de igual color. Ganaba la persona que acertaba en colocar la botella con el mismo color que seleccionó. Cuando realizaban varios intentos y no lograban colocar las 5 botellas en la posición correcta, se les otorgaba los últimos 10 segundos para que hicieran los movimientos definitivos, y si no lo lograban, se le daba la oportunidad a otro de los equipos.

Los alumnos refirieron no haber tenido obstáculos para realizar este ejercicio. Consideraron que tenían mucho entusiasmo en realizar esta actividad y como equipo su objetivo era hacerlo lo mejor posible. Esta dinámica logró despertar el interés en conocer más sobre sus derechos y obligaciones con estos tres instrumentos jurídicos que regulan la convivencia para construir una cultura de legalidad y de paz, creando acciones de mejora a futuro para respetar ante todo los derechos humanos de toda la comunidad universitaria.

En este taller, los alumnos que se acercaron para impartirles la información fueron de las licenciaturas de Abogado, Médico cirujano y partero, Negocios internacionales, Cirujano dentista, Cultura física y deporte, Psicología, Médico veterinario zootecnista, Enfermería y Agrobiotecnología, siendo un total de 209 (doscientos nueve) alumnos, a los cuales se les compartió información sobre los derechos universitarios.

Los alumnos que impartieron este taller consideran volver a participar en estos procesos, ya que lograron identificar que los participantes mostraron interés en participar en el juego que se realizó, sobre todo porque al momento en que se les brindó la información en relación con el Código de ética, Código de conducta, y Reglamento de Responsabilidades vinculadas con Faltas a la Normatividad Universitaria, manifestaban desconocer ciertas conductas que podrían ser causales de responsabilidad.

Los alumnos, en su reflexión al finalizar este ejercicio, consideran que al realizar estos talleres o actividades para el fomento de la cultura de la legalidad y de paz, ayudan a los alumnos del Centro Universitario del Sur a concientizar sobre sus derechos y obligaciones como integrantes de la comunidad universitaria, además de las causales de responsabilidad a las que pueden ser acreedores en caso de que se incurra en alguna falta dentro de la institución. Todo esto crea conciencia en los integrantes de esta casa de estudios y contribuye a una mejor armonía.

Taller 2. ¡No repruebes!, conoce tus derechos

La cultura de la legalidad representa todo lo contrario a la corrupción, es decir, se trata de una modificación total de las conductas para que estas se apeguen a la ley. La legalidad y la ética significa hacer lo correcto, no necesariamente para no incurrir en un delito, sino por simples cuestiones morales de cada persona. El apego a la legalidad, la ética y la moral para cumplir con las condiciones de la verdadera cultura de la legalidad, debe ser transmitida de generación en generación, por lo cual el término cultura resulta óptimo para definir esta cosmovisión en la que todas las conductas realizadas se encontrarán conformes a la normativa determinada para cada actividad (Lara May, 2018).

La práctica de la legalidad se desarrolla en todos los ámbitos de la vida cotidiana, por lo que se resalta su enfoque interdisciplinar, en el que convergen no sólo las materias referentes al derecho, sino que se integra por un conjunto de disciplinas políticas, sociales, antropológicas y filosóficas que permiten formar una perspectiva más completa sobre las necesidades de fortalecimiento (Andrade Guevara, 2016). En atención a ello, se considera que el entorno universitario es un área propicia para el fomento de la cultura de la legalidad, ya que iniciar por uno de los lugares en los que los jóvenes pasan mayor tiempo al día, permite que desde este punto prematuro de su desarrollo profesional y académico puedan desarrollar el apego a la legalidad como una forma de vida que les permita lograr sus objetivos y desenvolverse en el ámbito laboral con ética y profesionalismo. Pero no sólo eso, sino que además contribuye significativamente en su inserción en la sociedad como ciudadanos con un sistema de valores y principios bien cimentados, con una perspectiva basada en la información para la defensa de sus derechos y la realización de sus obligaciones con respecto al Estado (Ashirova et al., 2022). Sin embargo, se ha identificado que la mayoría de los estudiantes del Centro Universitario del Sur de la Universidad de Guadalajara desconocen la normativa interna de la universidad, por lo cual resulta imposible que puedan apegarse a ella.

El objetivo del presente proyecto de intervención fue precisamente el dar a conocer a los alumnos una de las normativas internas más importantes para su proceso académico, como lo es el Reglamento General de Evaluación y Promoción de los Alumnos de la Universidad de Guadalajara [RGEPAUDG] (UdeG, 2017), en el que se establecen los derechos y las obligaciones que como estudiantes de cualquiera de los programas educativos poseen, además de los procedimientos para hacerlos valer, con el fin de que puedan aplicarlos y que esto permita que las actividades de evaluación en el centro universitario se realicen de manera legal y ética, impidiendo que tanto alumnos como docentes y autoridades educativas puedan prestarse a conductas ambiguas o que se alejen de lo establecido por dicha normatividad.

El objetivo de la intervención se cumplió mediante la elaboración de una dinámica denominada "Atínale al derecho", en la cual, los alumnos que decidieron participar debían recibir una breve charla informativa relativa a los artículos más relevantes del RGEPAUDG, así como la entrega de un tríptico y un folleto que contenía dichos puntos, con un lenguaje coloquial y entendible para todos, que sirvió como guía para que los estudiantes conocieran un poco sobre la normativa relativa a la evaluación y promoción de los alumnos y para que pudieran participar en el juego. La dinámica consistió en atinar, con pelotas de *ping pong*, a un conjunto de vasos ordenados en forma de pirámide que se encontraban frente a ellos; cada uno de los vasos contenía en el fondo ilustraciones que determinaban si les correspondía contestar una pregunta relativa a la información que se les brindó, o si ganarían un premio.

Al hacer el análisis de los obstáculos que los alumnos presentaron en la realización de esta dinámica, se considera que algunos de los estudiantes contaban con tiempo reducido para participar en la actividad completa; otro obstáculo fue que, si bien les llamaba la atención el saber de qué se trataba la actividad que se estaba desarrollando, algunos de ellos no se acercaban por vergüenza. Sin embargo, es importante establecer que estas conductas fueron las que se presentaron en menor medida, ya que en general se contó con una gran respuesta y participación por parte del alumnado del Centro Universitario del Sur.

Con respecto a la participación de los jóvenes, se pudo percibir que la mayoría de ellos se mostraron interesados en participar en la dinámica, algunos debido a que habían tenido situaciones con respecto a su evaluación, otros simplemente por tener la posibilidad de ganar uno de los premios y algunos otros por la diversión que podía implicar la dinámica del grupo con el que acudieron. En general se percibe que todos ellos, sin importar la razón por la cual se acercaron como participantes de la intervención, se llevaron al menos algo del mensaje que se tenía por objetivo difundir.

En este taller se contó con la participación de 141 alumnos de los siguientes programas educativos: Médico cirujano y partero, Abogado, Negocios Internacionales, Geofísica, Agrobiotecnología, Nutrición, Cultura física y deporte, Psicología, Desarrollo turístico sustentable, Trabajo social, Letras hispánicas, Enfermería, Cirujano Dentista, Seguridad laboral, protección civil y emergencias, y Sistemas biológicos.

Al ser ellos los replicadores en este ejercicio, lo que más llamó su atención fue el hecho de que los alumnos se mostraron con interés genuino de conocer la información que se les brindaba, además de que la expectativa previa a la aplicación era de que ellos no tendrían la intención de participar, sin embargo, fue grato notar su interés y disposición, ya que en ocasiones ellos mismos se acercaban a preguntar de qué se trataba la actividad y cómo podían participar.

Desde la perspectiva de los alumnos participantes, de acuerdo con lo que ellos mismos nos manifestaron, se puede establecer que lo que más llamó su atención fue el diseño de los carteles, trípticos y folletos, que por los detalles coloridos los hacían acercarse a preguntar, así como el hecho de que la dinámica propuesta correspondía a una variación de juego popular que era de su conocimiento, por lo que no fue complicado que se acercaran a participar. Además, los atrajo la posibilidad de ganarse uno de los premios que se tenían, mismos que consistían en lápices con dibujos animados, lapiceras con diseños coloridos, pequeños trompos, accesorios para el cabello y uñas, así como paletas y dulces.

Se considera que la posibilidad de obtener algo a cambio de la participación en las dinámicas sí es un factor importante que influye en la aceptación de la participación; sin embargo, también se pudo observar que, para algunos de ellos, la posibilidad de pasar un rato entretenido jugando la dinámica era suficiente. Además, cuando tuvieron conocimiento de que la información les sería útil, el grado de interés se intensificó. Realizaron un trabajo en equipo, en donde consideraron, desde su experiencia, que fue eficiente y eficaz, ya que los integrantes pusieron en práctica sus habilidades y puntos clave y se complementaron para sacar a flote el proyecto y que se lograra el objetivo deseado.

El proyecto de intervención "¡No repruebes!, conoce tus derechos", así como la aplicación de la dinámica de intervención denominada "¡Atínale al Derecho!", permitió que se lograra el objetivo de dar a conocer a los alumnos de los diversos programas educativos del Centro Universitario del Sur, el Reglamento General de Evaluación y Promoción de los Alumnos de la Universidad de Guadalajara (RGEPAUDG), su importancia, así como los derechos y obligaciones que en estas cuestiones establece, con la finalidad de formar un entorno propicio para el desarrollo y fomento de la cultura de la legalidad, así como el consecuente desarrollo de la cultura de paz. La dinámica lúdica y la entrega de materiales informativos permitieron a los estudiantes comprender los derechos y obligaciones más importantes del RGEPAUDG, así como los procedimientos para hacerlos valer, dejando en ellos el conocimiento de su existencia y de que sepan en qué normativa pueden encontrar información en los casos necesarios.

Conclusiones

Como resultado de estas dos intervenciones, los alumnos de la Maestría en Derecho, quienes fueron las personas que replicaron estos talleres, alcanzaron a percibir que la mayoría de los alumnos desconocían completamente la existencia del RGEPAUDG, debido a que se identificó que gran parte de ellos se encontraban cursando los primeros semestres de su carrera, por lo cual, fueron ellos quienes mostraron mayor interés en conocer la mencionada normativa. Se identificó que los alumnos que por lo menos tenían conocimiento de los artículos 33, 34 y 35, relativos a la reprobación, también mostraron interés en conocer los demás derechos y obligaciones que se podían encontrar en el RGEPAUDG, así como los mecanismos para hacerlos valer en caso de necesidad.

Finalmente, el respeto mutuo de los derechos y el cumplimiento de las obligaciones ayuda a construir una cultura de paz en la universidad, basada en la convivencia pacífica, el diálogo y la colaboración. Esto permite que la universidad sea un espacio inclusivo y enriquecedor, donde todos puedan crecer y contribuir positivamente a la comunidad.

Dentro de las recomendaciones que se proponen es la realización de más talleres, conferencias, en donde se promocione el Código de ética, el Código de conducta y el Reglamento de Responsabilidades Vinculadas con Faltas a la Normatividad Universitaria de la Universidad de Guadalajara, con la finalidad de seguir creando conciencia en cada uno de los integrantes de la comunidad universitaria y lograr llegar a más personas.

Por otra parte, los alumnos de la Maestría en Derecho mencionan que sí participarían nuevamente en estos procesos, ya que ser parte de esto es una manera muy proactiva de contribuir al fomento de la cultura de la legalidad y, como consecuencia, de la cultura de paz. Al ser ellos los replicadores y sabedores de las circunstancias y problemáticas que les aquejan a los estudiantes, es que reconocen aquellas situaciones que se pueden presentar en el transcurso de su estancia en la universidad, que muchas de las veces, como se pudo apreciar en estos dos ejercicios, los alumnos del Centro Universitario del Sur parecen estar ajenos e incluso sin interés de conocer que existe toda esta normativa, que en ocasiones es consultada sólo cuando se ven afectados sus derechos o incurren en alguna falta a las normativas ya establecidas.

Por todo esto es que se deben establecer estos talleres de forma continua, que permitan fomentar y difundir esta información de tal manera que llegue a toda la comunidad universitaria como alternativas para construir entornos armoniosos, en donde prevalezca el respeto a los derechos de todos los que conforman la comunidad universitaria.

Al ser parte de la comunidad estudiantil, en un posgrado se considera que estas experiencias permiten incitar y motivar a otros compañeros a ser parte de la iniciativa de poner en práctica los valores éticos y morales que implica el apego a la legalidad, y que desemboca en un mayor grado de armonía y paz en la convivencia social.

Este conocimiento es esencial para garantizar una experiencia académica equilibrada y constructiva. Al conocer sus derechos, los estudiantes pueden exigir condiciones adecuadas para su formación, protección contra discriminación y acceso a servicios de calidad, lo que contribuye a su bienestar y éxito académico.

Por otro lado, estar consciente de sus obligaciones fomenta el sentido de responsabilidad, respeto y compromiso con el proceso de aprendizaje y la convivencia dentro de la comunidad universitaria. Este equilibrio entre derechos y deberes no sólo forma parte del crecimiento académico, sino también del desarrollo personal, ya que impulsa a los estudiantes a ser ciudadanos activos, éticos y comprometidos con la sociedad.

Derivado de los resultados obtenidos por los alumnos que replicaron estos talleres, se proponen los siguientes puntos para que se tomen en consideración en futuras intervenciones:

1. Desarrollar un curso en línea sobre el RGEPAUDG y la cultura de la legalidad.
2. Crear un equipo de estudiantes embajadores de la cultura de la legalidad.
3. Organizar eventos y actividades que fomenten la aplicación del RGEPAUDG en la vida cotidiana.
4. Ampliar la cobertura: Incluir a más carreras y sedes universitarias en el proyecto.
5. Diversificar los canales de difusión: Utilizar redes sociales, correos electrónicos y plataformas institucionales para llegar a más estudiantes.

6. Involucrar a docentes, personal administrativo y autoridades para garantizar la aplicación efectiva del RGEPAUDG en las prácticas académicas, así como los Códigos de ética y de conducta, además del Reglamento de Responsabilidades Vinculadas con Faltas a la Normatividad Universitaria.

8. Fomentar e implementar acciones de mejora a futuro, considerando como buenas prácticas estos ejercicios en donde se involucren los alumnos y sean ellos mismos los replicadores.

Estas recomendaciones y propuestas buscan consolidar la cultura de la legalidad en la comunidad universitaria y promover una educación ética y responsable que, a futuro, permita la contribución a la sociedad con el bien público y la cultura de paz.

Referencias

Andrade Guevara, V. M. (2016). La cultura de la legalidad como objeto interdisciplinario. *Eunomía: Revista en Cultura de la Legalidad, 10,* 34–56. https://dialnet.unirioja.es/servlet/articulo?codigo=5455082

Ashirova, Z., Zholdasbekova, S., Nurzhanbayeva, Z., Akxmet, L., y Karatayev, G. (2022). Formation of legal culture of college students. *Revista Tempos e Espaços Em Educação, 15*(34), 14. https://dialnet.unirioja.es/servlet/articulo?codigo=8492395

Balcazar, F. E. (2003). Investigación acción participativa: Aspectos conceptuales y dificultades de implementación. *Fundamentos en Humanidades, 4*(7), 59-77. https://dialnet.unirioja.es/servlet/articulo?codigo=1272956

Briseño Montes de Oca, E., Briseño Montes de Oca, P., Alcaraz Marin, A., Hernández López, S., y Durán Estrada, M. (2024). Formación integral mediante una cultura de paz en estudiantes del Centro Universitario del Sur. *Revista Conrado, 8*(2), 5772–5786. https://www.ciencialatina.org/index.php/cienciala/article/view/10986/16150

De la Rosa Ruiz, D., Armentia, P. G., y Esteban, A. B. (2022). Una propuesta educativa de formación integral desde la Universidad. *Revista Prisma Social,* (37), 58-81. https://revistaprismasocial.es/article/view/4614

Kárpava, A., y Ramos, V. J. (2020). Educación para la Paz: Un espacio de innovación e intercambio de buenas prácticas docentes. *Revista Internacional de Educación para la Justicia Social,* 9(2). https://doi.org/10.15366/riejs2020.9.2.014

Lara May, K. del C. (2018). Cultura de la legalidad, un problema actual. *Presencia Universitaria,* 6(12), 86-93. https://presenciauniversitaria.uanl.mx/index.php/pu/article/view/23/23

Picón, G. A., y Frausto, M. (2022). Cultura de paz y transversalidad de una educación para la paz en el currículo universitario. *Ciencia Latina Revista Científica Multidisciplinar,* 6(1), 4999-5022. https://doi.org/10.37811/cl_rcm.v6i2.1874

Universidad de Guadalajara [UdeG]. (2017). Reglamento General de Evaluación y Promoción de los Alumnos de la Universidad de Guadalajara. Gaceta Universitaria de la Universidad de Guadalajara. https://secgral.udg.mx/sites/default/files/Normatividad_general/rgepa-oct-2017.pdf

Universidad de Guadalajara [UdeG]. (2018). Código de ética. Gaceta Universitaria de la Universidad de Guadalajara.

https://secgral.udg.mx/sites/default/files/Normatividad_general/2018-03-02-codigo-de-etica-feb2018.pdf

Universidad de Guadalajara [UdeG]. (2021). Código de conducta. Gaceta Universitaria de la Universidad de Guadalajara.

https://secgral.udg.mx/sites/default/files/Normatividad_general/codigo-de-conducta-julio-2021.pdf

Universidad de Guadalajara [UdeG]. (2021). Ley Orgánica de la Universidad de Guadalajara. Gaceta Universitaria de la Universidad de Guadalajara.

https://secgral.udg.mx/sites/default/files/Normatividad_general/lo-septiembre-2021.pdf

Universidad de Guadalajara [UdeG]. (2022). Reglamento de Responsabilidades Vinculadas con Faltas a la Normatividad Universitaria de la Universidad de Guadalajara. https://secgral.udg.mx/sites/default/files/Normatividad_general/RRVFNU%20%28Junio%202022%29.pdf

Capítulo 6

Educación superior y cultura de paz: Un compromiso institucional

Adriana Rodríguez López [21]

Ma. Del Refugio López Palomar[22]

Francisco Javier Maldonado Virgen[23]

Sara Adriana García Cueva[24]

La cultura de paz en el ambiente universitario no es un ejercicio meramente teórico. Hablar de paz implica mirar de frente a las dinámicas internas de la institución, lo que se vive en el día a día, lo que se dice y también lo que no se hace o deja de hacer. Las universidades son, al mismo tiempo, espacios de encuentro y de conflicto. En ellas convergen distintos matices, trayectorias de vida, saberes y formas de percibir el

21. Universidad de Guadalajara, Centro Universitario de los Valles, Departamento de Ciencias Económicas y Administrativas, maestra en Relaciones Económicas Internacionales y Cooperación Internacional, adriana.rlopez@academicos.udg.mx https://orcid.org/0000-0003-3248-812X

22. Universidad de Guadalajara, Centro Universitario de los Valles, Departamento de Ciencias Económicas y Administrativas, doctora en Ciencias del Desarrollo Humano, miembro del Sistema Nacional de Investigadoras e Investigadores nivel I, delrefugio.lopez@academicos.udg.mx https://orcid.org/0000-0002-3782-5888

23. Universidad de Guadalajara, Centro Universitario de los Valles, Departamento de Ciencias Económicas y Administrativas, doctor en Dirección de Organizaciones, miembro Candidato al Sistema Nacional de Investigadoras e Investigadores, javier.maldonado@academicos.udg.mx https://orcid.org/0000-0002-1034-8778

24. Universidad de Guadalajara, Centro Universitario de los Valles, Departamento de Ciencias Económicas y Administrativas, doctora en Ciencias del Desarrollo Humano, miembro del Sistema Nacional de Investigadoras e Investigadores nivel I, sara.garcia@academicos.udg.mx https://orcid.org/0000-0002-4804-4040

mundo. En medio de esa diversidad surgen tensiones, pero también en ese cruce existen posibilidades de transformación.

En los últimos años, la noción de cultura de paz ha sido definida desde distintas aristas, adquiriendo fuerza no sólo como una cuestión ética o política, sino también como una apuesta educativa con gran potencial transformador. Lo que le da sentido realmente a la cultura de paz es la manera en la que se manifiesta en lo cotidiano, se ve reflejada en los gestos, en el trato, incluso en las relacionas que construimos con el otro. Las instituciones educativas están llamadas no sólo a ofrecer conocimientos especializados o técnicos, sino también a generar condiciones que favorezcan la convivencia justa, plural y democrática.

La Organización de las Naciones Unidas para la Educación, la Ciencia y la Cultura (UNESCO), en su Declaración y Programa de Acción sobre una Cultura de Paz (UNESCO, 1999), señala que una cultura de paz implica el fomento de valores como la empatía, el respeto, la inclusión, la participación y la resolución no violenta de los conflictos. Galtung (2003) advierte que no basta con que no haya violencia directa, para hablar de paz positiva es necesario ir más allá y transformar aquellas estructuras que generan exclusión o desigualdad.

Tünnermann Bernheim (2008) y Reardon (1995) señalaban que la educación superior tiene una gran responsabilidad en la construcción de sociedades más humanas, su función va más allá de los planes de estudio, implica la creación de entornos críticos, en donde el respeto, la equidad y la justicia no sean valores sólo enunciados, sino condiciones reales de convivencia. Es por ello que resulta importante recuperar las voces de los estudiantes, no únicamente como objeto de estudio, sino como actores reflexivos que pueden aportar lecturas valiosas del entorno universitario.

Esta investigación tiene como propósito explorar la percepción de los estudiantes con relación a la presencia de una cultura de paz en su institución. Así mismo, busca identificar cómo viven el día a día académico, su valoración hacia los esfuerzos institucionales en materia de convivencia y conocer las propuestas que emergen desde su experiencia.

Partimos de los principios de la Agenda 2030, de los Objetivos del Desarrollo Sostenible (ODS) de las Naciones Unidas, en específico el número 16, que entre sus propósitos está la promoción de sociedades pacíficas, justas e inclusivas, así como el fortalecimiento de instituciones eficaces y responsables (Organización de las Naciones Unidas [ONU], 2015). Desde esta perspectiva, queda de manifiesto que las universidades no sólo tienen como propósito formar profesionistas técnicamente capacitados, sino también tienen el compromiso de convertirse en espacios donde los derechos humanos se vivan cotidianamente, en donde la justicia sea una práctica habitual y donde el estudiantado tenga un rol activo en la toma de decisiones.

Indagar la forma en la que es percibida la cultura de paz en instituciones de educación superior nos permite tener una panorámica respecto a la cercanía o lejanía de alcanzar estas metas. Este estudio tiene vinculación estrecha con las metas 16.3, 16.6 y 16.7, que tienen relación con el acceso a la justicia, la transparencia institucional y la participación inclusiva en todos los niveles (ONU, 2015). Por lo que se busca analizar si éstos se traducen en condiciones concretas para la convivencia universitaria.

Así mismo, el trabajo también se relaciona con las líneas propuestas por el Programa Nacional Estratégico de Educación (PRONACE). La perspectiva de este programa es profundamente humanista, hace un llamado claro a reinventar el sistema educativo bajo una mirada crítica, solidaria y con compromiso social, por lo que la cultura de paz no aparece como un tema complementario, sino como un eje transversal indispensable. Reconocer la voz de los estudiantes, no como beneficiarios pasivos, sino como sujetos activos, es parte de ese giro necesario para pensar en una educación comprometida con su tiempo.

La presente investigación recupera testimonios del estudiantado mediante un cuestionario abierto, diseñado para explorar tres aspectos fundamentales: cómo describen el ambiente general de su universidad en relación con los valores de paz, qué prácticas identifican como facilitadoras o restrictivas de esa cultura, y qué propuestas formulan para mejorarla.

Los hallazgos aparte del panorama de percepciones nos brindan la capacidad crítica y propositiva de los estudiantes. En sus palabras se refleja el reconocimiento de los avances institucionales, así como la necesidad de repensar aquello que no termina de funcionar. Lo que deja de manifiesto una disposición activa para transformar el entorno educativo desde la experiencia cotidiana.

Problema de investigación

Pese a que las universidades promueven valores tales como la convivencia, el respeto y la inclusión, no siempre es clara su aplicación en la vida cotidiana de los estudiantes. Existe diversidad en las percepciones en temas como la equidad, la participación y los mecanismos para resolver conflictos, por lo que surge la necesidad de llevar a cabo un análisis, a fin de identificar cómo los estudiantes perciben y vivencian la cultura de paz en su entorno universitario. Comprender estas percepciones permitirá identificar fortalezas y desafíos para su promoción efectiva.

Pregunta de investigación

¿Cómo perciben los estudiantes universitarios la presencia y promoción de una cultura de paz en su institución?

Objetivo general

Analizar las percepciones de los estudiantes universitarios sobre la presencia y promoción de una cultura de paz en su institución, con el fin de identificar prácticas, retos y propuestas que contribuyan a fortalecer un ambiente de convivencia pacífica, equitativa e inclusiva en el ámbito universitario.

Objetivos específicos

- Explorar las percepciones de los estudiantes sobre el ambiente general de su universidad y su relación con los valores asociados a la cultura de paz.
- Identificar prácticas institucionales y cotidianas que los estudiantes consideran promotoras o limitantes de la cultura de paz
- Recolectar y sistematizar propuestas estudiantiles orientadas a fortalecer la cultura de paz en el contexto universitario.

Supuesto teórico

Si los estudiantes universitarios perciben que en su institución educativa se promueven de manera coherente valores como el respeto, la inclusión y la participación, entonces es más probable que ellos se involucren en la construcción de una cultura de paz, así como en la mejora del ambiente de convivencia dentro de la comunidad universitaria.

Preguntas específicas

- ¿Cómo perciben los estudiantes el ambiente general en su universidad y que relación establecen entre dicho ambiente y los valores asociados a la cultura de paz?
- ¿Qué prácticas institucionales y cotidianas identifican los estudiantes como promotoras o limitantes para el desarrollo de una cultura de paz en su institución?
- ¿Qué propuestas plantean los estudiantes para fortalecer la cultura de paz en el contexto universitario y cómo las conceptualizan en relación con su experiencia académica y social?

Justificación

La universidad como espacio de formación trasciende a la trasmisión de contenidos académicos, en ella se promueven valores fundamentales para la vida, por lo que una cultura de paz representa un compromiso ético y educativo que va más allá del aula y se refleja en el día a día. No obstante, aún persisten tensiones entre el discurso institucional sobre la paz y la experiencia real de los estudiantes en aspectos como la participación, la justicia, la equidad y la convivencia. En ocasiones, la participación estudiantil se limita a lo simbólico, a veces los mecanismos de resolución de conflictos no son del todo claros. Es en medio de estas fisuras donde surgen posibilidades de cambio.

Esta investigación busca escuchar a los actores clave de la vida universitaria: las y los estudiantes. A partir de su perspectiva podemos detectar debilidades e iniciativas, que se pueden traducir en ideas que pueden brindar nuevas formas de convivencia. Sus aportaciones son clave no sólo por lo que señala, sino también por lo que propone.

Así mismo, este estudio permite aportar al debate académico desde una perspectiva situada, con un enfoque en las vivencias de los estudiantes universitarios, en específico de un centro universitario perteneciente a una universidad pública del estado de Jalisco. Lo que se pretende es ofrecer pistas, preguntas y reflexiones que puedan orientar diversas prácticas en otros contextos.

Esta investigación se alinea el PRONACE Educación y el ODS 16, ambos plantean una misma preocupación: que la educación forme personas capaces de construir entornos más justos, dialogantes y conscientes de su papel en la transformación social.

Marco Teórico

La educación superior como espacio de formación ciudadana y convivencia pacífica

La universidad es un espacio de encuentro humano en donde estudiantes y docentes comparten más que contenidos: comparten dudas, acuerdos, conflictos y diferencias. En esta trama cotidiana es donde se juega la posibilidad de formar ciudadanos que sean capaces de coexistir con otros de manera justa y consciente.

Tünnermann Bernheim (2008) señala que la educación superior debe asumir una doble responsabilidad: por una parte, ofrecer una formación técnica sólida, y al mismo tiempo sembrar una ética de la convivencia. Es importante señalar que esto no es algo que ocurra de forma automática, se requiere intención, compromiso y también reflexión crítica sobre lo que ocurre en los pasillos, las aulas, en los espacios no curriculares.

La vida universitaria se compone de matices. Quienes hemos sido parte de ella sabemos que la diversidad tanto de orígenes, creencias, formas de pensar, no siempre se traduce en convivencia armoniosa, a veces incomoda, otras, duele. Sin embargo, puede abrir la puerta a aprendizajes muy profundos si llega a acompañar con sensibilidad y estructuras justas.

En este mismo sentido, cuando Delors (1996) plantea que uno de los enormes desafíos de la educación es "aprender a vivir juntos", no se refiere a algo superficial. Sabe que vivir juntos implica negociar, escuchar, ceder, dialogar, por lo que en las instituciones educativas en donde coexisten historias de vida tan distintas, nos damos cuenta de que esto es un verdadero reto.

También Edgar Morin (1999) ha advertido la urgencia de una educación que nos prepare para comprender al otro. Para Morin no basta con acumular saberes; si no hay una pedagogía que integre la empatía, la conciencia de la complejidad y el respeto, el conocimiento se vuelve estéril. Él habla de enseñar con humanidad, con sentido ético, con capacidad de cuestionar, y es una idea que resuena con fuerza cuando se piensa en la cultura de paz como algo que se construye paso a paso, dentro de la misma universidad.

La universidad también educa con sus gestos, con la manera en la que resuelve conflictos, con el tipo de liderazgo que promueve y ejerce, con la forma en la que trata a quienes piensan distinto. Es por ello que, si hablamos de cultura de paz, no podemos minimizarla a un principio decorativo, debemos mirar de cerca cómo se vive, cómo se enseña y cómo se practica. Con cada interacción, por más pequeña que pueda llegar a parecer, se está modelando una forma de estar en el mundo.

La cultura de paz: concepto, dimensiones y aplicación en el entorno universitario

Pensar la paz como algo que se vive y no sólo como un principio, requiere detenerse un poco, quizá porque este término ya ha sido muy utilizado en diversos contextos es que en cierta manera puede estar vacío de sentido. Aun así, en el entorno universitario, el término cultura de paz tiene un peso concreto: se refiere a la manera en la que nos vinculamos, la forma en la que resolvemos lo que no funciona, cómo co-habitamos en un mismo lugar sin invisibilizarnos.

En los años noventa, la UNESCO se apropia de este concepto, dándole un lugar más allá de la política, incorporándolo en la educación. En su declaración oficial (UNESCO, 1999) define esta cultura como un cúmulo de comportamientos, pero también actitudes, que rechazan la violencia y priorizan la empatía, la negociación y el diálogo como caminos para resolver conflictos. Pensar en una universidad bajo esos principios exige revisar mucho más que reglamentos.

Johan Galtung (2003) distingue entre lo que él define como “paz negativa”, haciendo alusión a la ausencia de violencia, y “paz positiva”, refiriéndose a la existencia de justicia, participación y equidad. De manera práctica, con ello señala que no basta sólo con la ausencia de enfrentamientos visibles, para él, la paz también depende de que todas las voces tengan espacio, de que las reglas se apliquen con justicia y, sobre todo, que nadie se sienta marginado.

En ese mismo sentido, Elise Boulding (2000) señala que la paz se produce en los detalles de la vida cotidiana, refiriéndose a la manera en que saludamos, en la escucha con atención, en la empatía. Y resulta cierto, en la universidad, la cultura de paz no se impone, se construye o no se construye. Una institución puede hablar mucho de inclusión, pero cuando un estudiante no encuentra canales reales para expresar su opinión, algo no cuadra.

Así mismo, Paulo Freire (1970) da a este tema una fuerza política diferente. Para él, educar posibilita la transformación más allá de sólo enseñar. De acuerdo con su perspectiva, formar en la cultura de paz implica hacer conciencia crítica, abrir espacios donde el dialogo sea necesario y los estudiantes se reconozcan como sujetos de cambio, no sólo como receptores pasivos.

Otro punto que suele ser poco abordado es el conflicto. Muchas instituciones buscan evitarlo a toda costa, como si se tratase de un fracaso, pero Mortin Deutsch (1973) planteó hace ya varios años que los conflictos bien gestionados pueden ser generadores de aprendizajes, ayudando a fortalecer vínculos y abriendo caminos hacia el cambio. Quizá eso es lo que falta en muchas universidades: No evitar el conflicto, sino aprender a transitarlo con herramientas que sumen, no que cierren.

Si bien en cierto, una cosa es el discurso institucional y otra muy distinta es la experiencia de los estudiantes. En ese sentido, investigadores como Betty Reardon (2001) y Muñoz (2006) han documentado esta brecha en distintas universidades. Muchas de las ocasiones se diseñan políticas, sin embargo, a veces no bajan al aula o no son apropiadas para quienes deberían beneficiarse de ellas. Consecuencia de ello puede ser la desconfianza o la indiferencia.

Eso es precisamente lo que se busca poner sobre la mesa en esta investigación: más allá de lo que se dice sobre la paz, cómo se vive o no en la práctica, en lo cotidiano. Porque si la cultura de paz no se encarna en la experiencia del día a día, entonces queda solamente como un buen deseo.

Participación estudiantil y corresponsabilidad en la construcción de una cultura de paz

Si hablamos de cultura de paz y no consideramos la participación activa de los estudiantes estaremos sólo observando la punta del iceberg. Si en realidad queremos construir la paz dentro de las universidades, ésta no puede ser un mensaje institucional unidireccional. Requiere ser vivida, discutida, apropiada por quienes son parte de la comunidad universitaria, por lo que la participación no se reduce a llenar formularios o asistir a reuniones esporádicas, implica la generación de condiciones reales para que los estudiantes se reconozcan como sujetos con voz y corresponsabilidad en la transformación del entorno (Reardon, 1995).

En muchas instituciones, lo participativo se confunde con lo simbólico. Se llevan a cabo consultas de opinión, foros, sin embargo, sus ideas rara vez influyen en las decisiones finales. Es por ello que distintas autoras han hecho hincapié en la necesidad de romper con modelos verticales de autoridad, avanzando hacia relaciones más horizontales, en donde la palabra pueda circular de manera libre, donde las normas no sean impuestas sin discusión, pero sobre todo, donde el liderazgo se ejerza desde la ética y el diálogo, no desde el control (Walsh, 2013).

Fernández (2014) plantea que las universidades en donde se abren canales reales de participación (más allá de la simulación), favorecen la autonomía crítica de los estudiantes. Si los estudiantes se saben escuchados, si ven que su voz es reflejada en las decisiones colectivas, son más propensos a comprometerse con la convivencia, a cuidar su entorno, porque se sienten apropiados. Por lo que la participación es el camino para construir comunidades más justas.

Algunas propuestas estudiantiles surgen de manera espontánea, a manera de proyectos o campañas, otras desde redes informales, incluso a partir de iniciativas pequeñas que nacen en el aula o en los espacios comunes. Algunas veces son silenciosas, pero están ahí. Al validarlas, escucharlas y traducirlas en políticas institucionales más coherentes y legítimas se convierten en una manera concreta de reconocer la inteligencia colectiva de los estudiantes.

Por tal motivo, no es suficiente hablar de paz como un principio deseable. La cultura de paz debe ser alimentada por experiencias reales, debe construirse en gran medida desde abajo, desde la confianza, los vínculos y la participación cotidiana. Si no partimos de las percepciones y propuestas de los actores principales (los estudiantes), cualquier intento corre el riesgo de quedar sólo en buenas intenciones.

Metodología

Enfoque y diseño de la investigación

Esta investigación no partió de hipótesis rígidas ni buscó comprobar cifras. Lo fundamental era escuchar, por tal motivo se optó por la aplicación de un enfoque cualitativo, porque lo que se quería comprender no podía ser medido a través de estadísticas, sino con palabras, matices, historias. Esta elección metodológica responde a la necesidad de adentrarnos en la experiencia estudiantil desde su propia voz, sin forzarla ni moldearla. Tal como sugieren Taylor y Bogdan (1986), mirar el fenómeno desde los actores mismos permite no sólo describir, sino interpretar aquello que viven en su cotidianidad.

Participantes y contexto

Este proyecto se llevó a cabo en un centro universitario ubicado en el estado de Jalisco, en él participaron 86 estudiantes de distintas carreras (licenciaturas e ingenierías) y semestres, seleccionados de manera intencionada con la finalidad de captar diversidad. La idea era reunir distintas percepciones y maneras de vivir la universidad, con diferentes contextos e historias. Cada testimonio fue acogido como valioso en sí mismo. Se garantizó la confidencialidad no sólo por protocolo ético, sino porque la confianza es indispensable cuando alguien decide abrir su experiencia personal para contribuir a un estudio como éste.

Instrumento de recolección de información

Se aplicó una entrevista estructurada, con doce preguntas que invitaban a la reflexión más que a la respuesta directa. Con la finalidad de saber cómo perciben su entorno, qué entienden por cultura de paz, si se sienten incluidos, respetados, escuchados. También se les pidieron propuestas e ideas para mejorar. Obtuvimos algunas respuestas breves pero sustanciosas, otras más extensas, sin embargo, todas nos permitieron construir una imagen más clara de cómo se vive y de qué manera se podría transformar la convivencia universitaria.

Procedimiento

La entrevista se aplicó en modalidad en línea. Previamente, se explicó de manera clara el propósito del estudio y se solicitó el consentimiento informado de las personas participantes. Este consentimiento no se concibió como un mero trámite administrativo, sino como un compromiso ético orientado a garantizar que las voces de quienes participaron fueran escuchadas y tratadas con respeto.

Posteriormente, las respuestas obtenidas fueron descargadas, organizadas y codificadas de forma sistemática para su análisis cualitativo.

Análisis de la información

El análisis de la información se realizó mediante la técnica de análisis de contenido temático, siguiendo los lineamientos metodológicos propuestos por Bardin (2002). Este enfoque permitió identificar categorías emergentes a partir de los relatos estudiantiles. No se trató de forzar la información en marcos preestablecidos, sino de dejar que los propios datos señalaran los temas relevantes. El análisis se estructuró en tres grandes momentos: primero se revisaron las percepciones generales del ambiente universitario y su relación con los valores de paz, luego se identificaron prácticas que los estudiantes consideran promotoras o limitantes de esa cultura; finalmente, se sistematizaron las propuestas que surgieron desde su experiencia cotidiana.

La codificación se realizó de forma manual. Se buscaron patrones, pero también matices. Fue un trabajo paciente pero necesario para comprender lo que este grupo de jóvenes tenía que decir. Algunas respuestas coincidían entre sí, otras marcaban tensiones importantes. Todo el material fue organizándose para dar paso a los hallazgos que se presentan en los siguientes apartados.

Resultados

Los siguientes hallazgos surgen directamente de las voces de los estudiantes, fueron organizados en sintonía con los tres objetivos planteados al inicio de esta investigación. Más allá de las generalizaciones, nuestro interés recae en los matices, contradicciones y puntos de tensión, lo que nos da un panorama del cómo se vive y se diseña la cultura de paz en este centro universitario.

1. Percepciones del ambiente universitario y su relación con los valores de paz

Parte importante de los estudiantes entrevistados describen el ambiente universitario como tranquilo y positivo. Se encontraron frases como "tranquilo y divertido, aunque a veces hay personas que no tienen educación", o contrastes como "bastante agradable y con mucha paz". Algunas respuestas revelaron una convivencia que no necesariamente está libre de tensiones, por ejemplo: "es un ambiente normal, no hay malos tratos", sin embargo, también hubo quien señaló que "en ocasiones hay falta de empatía entre compañeros y docentes".

Con relación a la comprensión del significado de una cultura de paz, Se encontró que la mayoría de las respuestas están centradas en torno a valores como el respeto, la tolerancia y la sana convivencia. Algunos de ellos lo señalan como "convivir sanamente con todas las personas, aceptar la diversidad y tener tolerancia". Otros estudiantes centraron su opinión en la manera en la que se gestionan los conflictos, haciendo hincapié en que la cultura de paz implica "resolver conflictos adecuadamente y sin violencia". También aparece la idea de un entorno de tranquilidad y respeto mutuo: "tener tranquilidad, paz y respeto por todos los compañeros".

2. Prácticas promotoras y limitantes de la cultura de paz

Al hablar de las prácticas que favorecen o limitan la construcción de una cultura de paz, las respuestas dejaron de manifiesto una mezcla de reconocimiento, pero también de crítica. Varios estudiantes valoran de forma positiva las acciones que fomentan la convivencia y la participación como "convivencias y talleres donde todos participan y se respetan". También señalan que "se promueve la no violencia en las aulas y el respeto a lo mutuo", lo cual les resulta fundamental. Otros estudiantes destacan que "el respeto, la amabilidad y la empatía" son parte del trato cotidiano en su entorno inmediato.

Sin embargo, estas impresiones conviven con otras que expresan dudas o incluso descontento. Aunque existen mecanismos institucionales para resolver conflictos, no siempre se conocen bien o no se consideran efectivos. Una respuesta lo resume de forma clara: "sí existen, pero a nosotros nos tardaron en hacer caso". En varias respuestas se señala la percepción de un trato desigual en la aplicación de las normas: “no del todo, hay nepotismo en muchas ocasiones”, o en respuestas como “no, en ciertas situaciones no se aplica igual”.

Respecto a la participación estudiantil en decisiones académicas, las opiniones también están divididas. Algunos estudiantes afirman de manera directa que “sí” tienen oportunidades reales, pero muchos otros expresan que esas instancias son limitadas o incluso simbólicas. Comentarios como “tal vez, ya que a veces pueden existir acciones que no nos comunican” o “no realmente” muestran una percepción de exclusión o de escasa incidencia.

3. Propuestas estudiantiles para fortalecer la cultura de paz

Pese a las tensiones identificadas, muchas de las respuestas muestran una actitud propositiva. Una vez que se realizó la consulta respecto al fortalecimiento de la cultura de paz en su entorno, los estudiantes apuntaron principalmente a mejorar la comunicación y las relaciones entre autoridades, docentes y alumnado. Se proponen “acuerdos entre autoridades y alumnos para la valoración mutua”, y también se sugiere promover “mayor comunicación entre maestro y alumno, ya que algunos se sienten con poder sobre el estudiante”, dejando de manifiesto la necesidad de un diálogo más horizontal.

Otras propuestas apelan a intervenciones más visibles, como la creación de campañas o materiales gráficos: “hacer pancartas, carteles o eventos para fomentar la paz en el entorno”. También hay quien destaca la importancia del compromiso individual: “ayudarse y responsabilizarse de sus propios actos”, frase que remite al vínculo entre la ética personal y el bienestar colectivo.

Aunque no todos los entrevistados ofrecieron propuestas concretas, se obtuvieron respuestas tales como “no se me ocurre nada”. Sin embargo, se observa de manera general su interés por participar, incidir y formar parte de los procesos de mejora, siempre y cuando existan canales reales, abiertos y receptivos para hacerlo.

Discusión

Las voces recabadas en esta investigación dejan de manifiesto que la percepción de los estudiantes sobre la cultura de paz en el entorno universitario dista de tener un solo sentido. Por una parte, existe el reconocimiento de acciones institucionales que promueven valores como el respeto, la tolerancia, la inclusión y/o la convivencia; no obstante, también quedaron de manifiesto experiencias que cuestionan la eficacia de estas acciones cuando se llevan al día a día. Autoras como Reardon (1995) señalan que las diferencias entre el discurso y vivencia no son nuevas, de hecho, insiste en la necesidad de trabajar de manera activa en la construcción de entornos en los que la equidad y la justicia puedan prevalecer. En esa misma sintonía, Galtung (2003) propone que la verdadera transformación surge de la paz positiva, una vez que se ha garantizado la participación efectiva de todas las voces.

En general, el ambiente que describen los estudiantes pudiera ser considerado como favorable. En sus respuestas, las palabras que aparecen con mayor frecuencia son "tranquilo" y "respetuoso". Sin embargo, lo que pareciera marcar la diferencia, más allá de las políticas institucionales, es la calidad de los vínculos humanos, por lo que se confirma lo que Delors (1996) planeta al hablar de "aprender a vivir juntos" como uno de los pilares fundamentales en la educación para el siglo XXI. Más que una normativa, la convivencia en la universidad se construye en lo cotidiano, en cada gesto, cada mirada, en la manera de resolver conflictos y en la escucha activa entre compañeros. También Boulding (2000) subraya que una cultura de paz sólo se consolida cuando es parte de las vivencias diarias, cuando se convierte en una práctica relacional sostenida y no se queda sólo en el papel de los reglamentos o planes de estudio.

Uno de los elementos que más debilitó esa construcción cotidiana, de acuerdo con los propios estudiantes, fue la percepción de mecanismos institucionales poco claros o ineficaces para atender conflictos. La sensación de que "no se aplica igual para todos" o que "a veces no se hace caso", refleja un problema estructural que trasciende la voluntad individual. Si la resolución de conflictos no es vista como justa o accesible, lo que se resiente es la confianza institucional y, con ella, las condiciones básicas para una convivencia pacífica.

La participación de los estudiantes también surgió como una dimensión clave que merece ser revisada. Pese a que algunos estudiantes manifestaron sentirse incluidos, otros señalaron que su voz es poco escuchada en procesos que afectan directamente su formación. Ese margen apunta a una carencia democrática dentro del sistema universitario. Tal como lo expone Fernández (2014), cuando las instituciones no promueven la participación efectiva del estudiantado, se corre el riesgo de generar desafección, apatía o incluso rechazo frente a las decisiones colectivas. Caso contrario, cuando se abren espacios reales de diálogo y corresponsabilidad, puede fortalecer el tejido comunitario y generar sentido de pertenencia.

Un aspecto especialmente valioso de los resultados fue la cantidad y variedad de propuestas expresadas por los estudiantes. Pese a que algunas de las respuestas fueron vagas o escépticas, muchas señalaron rutas concretas, que van desde mejorar la comunicación entre docentes y estudiantes, hasta impulsar campañas que hagan visibles los valores de convivencia. Estas ideas, nacidas desde la experiencia directa, coinciden con lo que plantea Walsh (2013), quien sostiene que las trasformaciones más duraderas provienen de las iniciativas que surgen desde abajo, desde quienes viven el problema y no desde estructuras verticales que imponen soluciones sin diálogo.

En suma, los hallazgos incitan a la comprensión de que la cultura de paz en la universidad no es un estado que se alcanza y se mantiene de manera automática. Se trata de un ciclo en construcción permanente, lleno de contradicciones, avances y desafíos. Lo que este estudio deja de manifiesto es que la voz de los estudiantes no sólo merece ser escuchada, sino que resulta indispensable. Por lo tanto, si lo que se busca es una paz auténtica, entonces hay que construirla desde la inclusión, el diálogo constante y la voluntad política de transformar, no sólo de gestionar.

Sistematización de propuestas estudiantiles para la cultura de paz

La cultura de paz en el contexto universitario no puede limitarse a sólo enunciar valores en documentos institucionales, se trata de abrir espacios reales donde las ideas, experiencias y propuestas de los estudiantes encuentren eco y estructura. En este sentido, la sistematización de las propuestas estudiantiles no es sólo un ejercicio metodológico, sino un acto profundamente pedagógico, ya que permite reconocer que quienes habitan la universidad tienen no sólo voz, sino también capacidad de imaginar y construir otras formas de convivir.

En los últimos años, a través de distintos enfoques, se ha buscado ordenar, visibilizar y acompañar estas iniciativas desde perspectivas participativas, creativas y transformadoras. Por ejemplo, Villanueva-Paredes et al. (2024) plantean una propuesta que combina elementos del *desing thinking*, el aprendizaje basado en retos y el trabajo colaborativo. Este modelo permite que los estudiantes identifiquen problemas reales, generen soluciones en equipo y reflexionen sobre el impacto de sus acciones. Aquí la creatividad juega un rol fundamental al convertirse en una herramienta con sentido social: se diseña no sólo para innovar, sino para transformar.

Desde otra arista, Anderson y Nesterova (2024) recuperan el valor de las expresiones artísticas dentro de procesos de investigación participativa. Su enfoque invita a pensar que las emociones, los símbolos y las narrativas personales también son formas legítimas de conocer y proponer. Cuando los estudiantes pueden expresar sus ideas a través del arte, el diálogo se amplía y se vuelve más humano. Más que recolectar respuestas, se trata de construir significados compartidos.

También, Kester et al. (2022) proponen romper con la lógica vertical que muchas veces caracteriza a las universidades en contextos de conflicto. En lugar de pensar que la institución "ofrece" paz a sus estudiantes, sugieren que ésta debe construirse de manera colaborativa entre docentes y alumnos, reconociendo que la transformación sólo es posible cuando se establecen relaciones horizontales. Por lo que la sistematización deja de ser una herramienta técnica para convertirse en un espacio de encuentro y corresponsabilidad.

Desde una mirada más curricular, Ventura et al. (2022) exploran cómo integrar la cultura de paz en la cotidianeidad universitaria mediante proyectos transdisciplinarios que surge desde la práctica, la reflexión y la vida estudiantil. Su trabajo muestra que no se trata sólo de enseñar paz como un contenido más, sino de vivirla en el aula, en los pasillos, en las decisiones colectivas.

Enfoques más estructurados como el de Rizwan y Asim (2023) apuestan por instrumentos específicos como el Cuestionario diagnóstico sobre actitudes estudiantiles hacia la paz y propuestas de intervención (PNVCQ), diseñado para mapear las actitudes de los estudiantes hacia la paz y generar propuestas concretas de intervención. Si bien esta metodología parte de herramientas más técnicas, su valor radica en facilitar la organización sistemática de las voces estudiantiles y traducirlas en acciones institucionales viables.

Finalmente, Özel y Sümer (2025) abordan un punto crucial: la necesidad de adaptar los modelos de educación para la paz a los contextos socioculturales específicos de cada comunidad universitaria. Reconocer las particularidades de los estudiantes no es un detalle menor, sino una condición esencial para que las propuestas no sólo se escuchen, sino que sean realmente pertinentes. En su propuesta, la sistematización se entiende como un proceso donde los estudiantes no son informantes sino coautores de los contenidos y estrategias.

A partir de estas experiencias es posible afirmar que sistematizar propuestas estudiantiles implica mucho más que recopilar opiniones. Resulta necesaria la edificación de mecanismos que propicien la escucha activa, el análisis crítico y la actuación basada en vivencias de los estudiantes, por lo que la universidad se convierte en un sistema abierto al diálogo, a la responsabilidad compartida y la transformación del colectivo.

El reconocimiento de la experiencia estudiantil es una oportunidad para democratizar la vida universitaria y, de esta manera, puedan ser reestructuradas las prácticas institucionales. Estas propuestas deben visualizarse como puntos de partida hacia políticas que en realidad se apropien de los principios de equidad, justicia y participación. En este sentido se inscribe este estudio, al recoger y reconocer las voces del estudiantado como insumos legítimos para co-construir una cultura de paz universitaria con sentido y sostenida por todos sus actores.

Conclusiones

En retrospectiva, los hallazgos de esta investigación dejan de manifiesto que la cultura de paz en la universidad va más allá de revisar reglamentos o programas institucionales, significa escuchar activamente las voces de quienes habitan cotidianamente ese espacio: los estudiantes. Mediante sus testimonios se revela una realidad compleja, en la que conviven prácticas promotoras de convivencia y respeto con otras que generan tensiones que obstaculizan el tejido pacífico que se busca construir.

De manera generalizada, la percepción de los estudiantes respecto al ambiente universitario es de un lugar tranquilo y respetuoso, y este es ya un punto de partida esperanzador. Sin embargo, esta imagen positiva también tiene matices al observar que muchos estudiantes experimentan la paz más desde las relaciones interpersonales que desde las políticas institucionales claras. Esa desconexión entre lo declarado y lo vivido resuena con lo que Reardon (1995) plantea al señalar que no es suficiente con promover valores, sino que éstos deben ser materializados en prácticas que sean visibles y sostenidas. Galtung (2003), por su parte, ya advertía que la verdadera paz, la paz positiva, sólo se construye allí donde hay justicia estructural y participación genuina.

Frente a estas tensiones, los estudiantes no mantienen una postura pasiva, por el contrario, muchas de sus propuestas reflejan un verdadero deseo de contribuir al cambio: mejorando la comunicación, visibilizando el respeto como un valor compartido, fomentando espacios de mediación. Estas ideas demuestran su compromiso con la comunidad educativa, por lo que no sólo basta con señalar y criticar, sino poder imaginar y proponer. Walsh (2013) y Fernández (2014) señalan que el reconocimiento de las voces de los estudiantes enriquece la gobernanza y fortalecen los cimientos democráticos institucionales.

Limitaciones del estudio

Como toda investigación, este trabajo no está exento de límites que deben reconocerse con honestidad. En este caso, uno de los aspectos más sensibles fue la decisión de aplicar un cuestionario abierto en línea como instrumento de recolección. Esta modalidad ofreció ventajas logísticas y permitió alcanzar a un número diverso de estudiantes, sin embargo, trajo consigo restricciones importantes. El no tener contacto cara a cara con los participantes se perdieron elementos que enriquecen la conversación, como las pausas cargadas de sentido, el brillo o la incomodidad en la mirada, el tono en que se enuncia una idea, o incluso los silencios que dicen más que las palabras.

Recomendaciones

Partiendo de las conclusiones de esta investigación, se plantean las siguientes recomendaciones para fortalecer la cultura de paz en el ámbito universitario:

- Fortalecer los espacios y mecanismos para resolver conflictos. Es indispensable que los estudiantes identifiquen las instancias a las que pueden acudir cuando enfrentan una situación de injusticia, y muy importante que estos espacios realmente sean funcionales. Resulta necesario hacer una revisión de los protocolos, hacerlos accesibles y garantizar que el personal esté capacitado para dar acompañamiento a través de la escucha activa y la justicia restaurativa.
- Promover una participación estudiantil efectiva. Más allá de convocar comités, se debe estar dispuesto al diálogo, considerar sus propuestas y puntos de vista en la toma de decisiones que afectan su experiencia académica y personal.
- Diseñar e implementar programas de formación transversal en la cultura de paz, a fin de que los temas se conecten con la realidad de cada disciplina, así como con los desafíos del mundo actual.

- Promover campañas y actividades que visibilicen los valores que la institución desea cultivar, pero desde una lógica participativa. La creatividad de los mismos estudiantes puede detonar en iniciativas valiosas.
- Revisar, desde la experiencia estudiantil, las políticas institucionales de convivencia. Saber cómo se perciben esas normas, cómo se aplican en la práctica y qué efectos tienen en la comunidad es un paso necesario para transfórmalas cuando no están cumpliendo su propósito.

En próximas investigaciones sería muy recomendable la incorporación de herramientas más interactivas como entrevistas cara a cara o grupos focales. Ese tipo de encuentros permite comprender mejor no sólo lo que se dice, sino cómo se vive. Y cuando hablamos de cultura de paz, entender lo vivido es tan importante como analizar lo expresado.

Referencias

Anderson, X., y Nesterova, Y. (2024). Expresiones artísticas y investigación participativa: emociones, símbolos y narrativas en la construcción de cultura de paz. *Revista de Educación y Participación, 12*(1), 45–61.

Bardin, L. (2002). *Análisis de contenido.* Ediciones Akal.

Boulding, E. (2000). *Cultures of Peace: The Hidden Side of History.* Syracuse University Press.

Delors, J. (1996). *La educación encierra un tesoro.* Informe a la UNESCO de la Comisión Internacional sobre la Educación para el Siglo XXI. UNESCO.

Deutsch, M. (1973). *The Resolution of Conflict: Constructive and Destructive Processes.* Yale University Press.

Fernández, M. T. (2014). La educación para la paz como enfoque transversal en la educación superior. *Revista Iberoamericana de Educación, 65*(2), 1-10.

Freire, P. (1970). *Pedagogía del oprimido.* Siglo XXI Editores

Galtung, J. (2003). *Paz por medios pacíficos: paz y conflicto, desarrollo y civilización.* Gernika.

Kester, J., García, L., y Martín, P. (2022). Hacia una paz colaborativa: prácticas horizontales en universidades en conflicto. *Revista de Innovación Educativa, 8*(2), 103–119.

Morin, E. (1999). *Los siete saberes necesarios para la educación del futuro*. UNESCO.

Muñoz, F. (2006). *La paz imperfecta*. Universidad de Granada.

Özel, S., y Sümer, B. (2025). Adaptación cultural de modelos de educación para la paz: un enfoque situado en contextos universitarios. *Educational Contexts Quarterly, 5*(1), 77–94.

Reardon, B. A. (1995). *Educating for human dignity: Learning about rights and responsibilities*. University of Pennsylvania Press.

Rizwan, S., y Asim, A. (2023). PNVCQ: Cuestionario diagnóstico sobre actitudes estudiantiles hacia la paz y propuestas de intervención. *Journal of Peace Education, 17*(3), 201–220.

Taylor, S. J., y Bogdan, R. (1986). *Introducción a los métodos cualitativos de investigación*. Paidós.

Tünnermann Bernheim, C. (2008). *La educación superior en el siglo XXI: Visión, reflexión y acción*. UNESCO-IESALC.

Organización de las Naciones Unidas. (2015). *Transformar nuestro mundo: la Agenda 2030 para el Desarrollo Sostenible*. https://sdgs.un.org/goals

Organización de las Naciones Unidas para la Educación, la Ciencia y la Cultura [UNESCO]. (1999). *Declaración y Programa de Acción sobre una Cultura de Paz*. Resolución A/53/243, Asamblea General de las Naciones Unidas.

Ventura, M., Roque, J., y Hernández, E. (2022). Integración transdisciplinaria de la cultura de paz en la vida universitaria: una experiencia curricular. *Comunicaciones en Educación Superior, 10*(4), 88–105.

Villanueva-Paredes, A., Molina, C., y Ruiz, D. (2024). Design thinking, aprendizaje por retos y trabajo colaborativo como herramientas para promover la paz en contextos universitarios. *Revista Internacional de Innovación Pedagógica, 15*(1), 22–38.

Walsh, C. (2013). *Interculturalidad, Estado, Sociedad. Luchas (de)coloniales de nuestra época*. Ediciones Abya-Yala.